U0932527

传统企业，互联网在踢门

刘润◎著

中国华侨出版社

图书在版编目（CIP）数据

传统企业，互联网在踢门 / 刘润著. —北京：中国华侨出版社，2014.5

ISBN 978-7-5113-4595-0

Ⅰ.①传… Ⅱ.①刘… Ⅲ.①网络经济－通俗读物 Ⅳ.①F062.5-49

中国版本图书馆CIP数据核字（2014）第092591号

传统企业，互联网在踢门

著　　者：刘　润
出 版 人：方　鸣
责任编辑：深　蓝
经　　销：新华书店
开　　本：710mm×1000mm　1/16　印张：14.5　字数：183千字
印　　刷：北京慧美印刷有限公司
版　　次：2014年7月第1版　2014年12月第3次印刷
书　　号：ISBN 978-7-5113-4595-0
定　　价：42.00元

中国华侨出版社　北京市朝阳区静安里26号通成达大厦3层　邮编：100028
法律顾问：陈鹰律师事务所
发 行 部：（010）82068999　传真：（010）82069000
网　　址：www.oveaschin.com
E-mail：oveaschin@sina.com

雷军

小米董事长&CEO

金山软件董事长

刘润先生的这本书从战略的高度很透彻和深入地剖析了互联网带给传统企业的机会与挑战，我向所有向互联网转型的传统企业推荐《传统企业，互联网在踢门》，它能帮助大家看懂互联网思维。我祝愿大家都能拥抱互联网，拥抱这个大变革的时代，获得成功！

俞敏洪

新东方教育科技集团

董事长兼CEO

其实，刘润通过本书中大量的案例就是想告诉大家：互联网的本质，就是连接一切，消除距离，并由此冲击一切基于信息不对称的商业模式，把选择权真正交回到用户手中。在这样的大变革中，对于传统企业，他提出的问题确实值得深思：我们到底做产品，还是做平台？什么才是我们真正的优势？一切互联网的优势，都是效率的优势；一切传统企业转型的问题，最后都是组织的问题。推荐给所有传统企业的管理者认真阅读、思考。

陆雄文

复旦大学管理学院院长

刘润先生是个很好的营销专家，其实他不需要我这个营销教授给他的书写推荐，他实际上是给我机会，让我更好地来锤炼我的互联网思维。这本书不仅为传统企业如何转型触网提供了丰富的建议，也给从事管理教育的我带来了许多启发和新的思考。虽然刘润在书中所讲的我并不全都认同，因为就像互联网所带给我们的一样，我们都会受到历史的局限，但在方向上、趋势上，我们不得不倾听刘润的声音。

蒋昌建

复旦大学博士

《最强大脑》主持人

此书的意义并不在于让企业认识到如何搭上互联网这个技术班车，而是要登上互联网思维的航船。如果说互联网生存已经成为消费者的生活方式，那么互联网思维则是这个时代企业是否具有可持续性生命的表征。互联网思维的本质说到底，就是信息均衡分配基础上的市场民主思维和创新与营销能力不均衡分布基础上的市场集中思维相结合。传统产业如何将互联网思维转化为企业运营的具体实践，正是此书力图回答的重要问题。刘润是否是破解传统产业互联网升级改造之谜的“最强大脑”呢？开卷必见分晓！

推荐序

如何拥抱互联网

周健工
福布斯中文版总编辑

拿到书稿，通读一遍，我的第一感觉是，这本书适用于从事传统行业的读者，他们中可能有许多人，在面对互联网大潮的冲击时，感到迷茫、失落，甚至恐惧。

以前与互联网企业家和传统行业企业家来往，感觉他们之间最大的不同，是前者从来不关心宏观经济，什么GDP、CPI、PMI、货币政策、外贸出口等，而这却成为后者整天刷屏的规定动作。在过去的两年，以互联网为代表的“新经济”，开始与中国的“旧经济”分道扬镳，这体现在资本市场上，也体现在实体经济中。中国经济处于减速通道，传统行业陷入困境，而互联网公司却加速发展，一片繁荣。

更为明显的是，互联网开始颠覆传统行业，并且以比美国更加迅猛的态势冲击着经济，甚至产生了一些破坏性。由于中国经济在很大程度上还没有建立起完整的市场经济体系，国家仍然干预和垄断着经济命脉，互联网公司高度竞争、快速创新、猛烈颠覆、前赴后继，传统行业如何应对，一时间令人猝不及防，也显示出中国经济面对“破坏性建设”的脆弱。

这里所说的传统行业，是指那些仍然没有“互联网化”的行业，正如19世纪电力行业进入经济一样，并非所有的行业都去从事发电与输电，但几乎所有的行业都必须接通电源，才能提供产品与服务。互联网时代也是同一个道理，如果拒绝互联网，将被无情地淘汰。

互联网力量的来源，是它能以更高的效率替代线下竞争者，一个经典的案例是，马云当年对卫哲说，只要增加几台服务器，就能把销售量提高一倍。高速成长吸引了风险资本的进入。在风险资本的“补贴”下，互联网产品能够以免费的模式迅速积累起大量的用户，许多领先公司都能从某一成功产品发展为行业性平台，推行所谓“羊毛出在猪身上”的策略——免费提供搜索服务，却向广告客户收钱；免费提供硬件，却从软件服务收钱；免费提供开网店服务，却从推广赚钱；免费提供安全服务，却从贩卖流量赚钱；免费提供社交服务，却从游戏收钱。在移动互联网时代，这一策略向更为复杂的方式进化，免费提供线上服务，却从线下收钱；免费提供Wi-Fi服务，却从后续的服务收钱，等等，形成更加高级的生态系统。书中写道，**其本质是争夺用户，在PC时代形成最宝贵的流量，在移动时代获取最宝贵的时间，最终为用户创造价值**。

这种做生意的方式，传统行业是难以理解的。有些传统产业注定会被颠覆，服务业首当其冲，从本质上来说，服务业是基于信息流动的行业，只是程度不同而已。互联网当然不会炒出一盘菜来，但它可能决定了用户张口吃菜之前的一切行为，更不必说传媒娱乐行业了。从这个意义上来说，教育和医疗是正在呼唤颠覆的行业。

对于传统行业来说，现在面临的问题是如何拥抱互联网。如果说第一阶段是传统行业守住家门，不断被互联网颠覆者们“踢门”的话，那么接下来将会迎来第二阶段是打开城门，向互联网进军。尤其是服务业要尽快主动拥抱互联网，制定转型和创新的战略。对于制造业来说，还有机会争取主动，先把制造领域的服务环节互联网化，再把生产过程互联网化，即物联网。这个领域的革命，更加可能由传统行业的软件工程师们发起。这个过程才刚开始。

互联网与传统行业的结合，目前仍是一个比较新的话题，既没有专家，也没有理论，大家都在探索。刘润先生的这本书从当前互联网领域的热门话题切入，通过一些大家耳熟能详的案例，总结和探索了传统企业拥抱互联网、实现转型的方法和策略，有助于从事传统行业的读者理解互联网并在实践中学会驾驭互联网。

是为序。

目录

引　言：**未来的商业只属于“来自星星的你”-XV**

第一章　**2013，中国商业史的新分水岭-001**

传统企业巨头高呼向互联网化转型-003

2013，互联网用加减法让商业“面目全非”-006

阿里巴巴给金融业做减法：余额宝-008

小米对电视产业做减法：小米电视-011

京东对零售业做减法-014

第二章　**互联网革命的本质是什么？-017**

信息传播革命：从印刷术、电信技术到互联网-019

社会交往革命：从河流、航线到互联网数据-022

企业竞争的迅猛升级：从地段、流量到时间—027

传统经济的商业距离：地段—027

PC互联网的商业距离：流量—029

移动互联网的商业距离：时间—036

万物互联时代初露曙光—043

消灭一切基于信息不对称的商业模式—045

第三章　**一张图看懂传统企业互联网化-051**

所谓互联网化，就是再造三大价值—053

传递价值：1亿赌局—056

创造价值：10亿赌局—063

用户价值：终极赌局—068

互联网化两大方向：从互联网减法到互联网加法—072

传统企业互联网化的三大商业模式—077

O2O—078

C2B—080

P2P—082

第四章 **“互联网四大名著”的“+”“-”法-087**

行业形势：创新者的窘境——完美的管理导致大企业走向失败-089

思维模式：长尾理论——对80/20定律的彻底叛逆-095

商业模式：免费——羊毛出在猪身上-098

管理模式：精益创业——速度比质量更重要-102

第五章 **正在发生的“互联网加法”与“互联网减法”-107**

你赌雷军，还是董明珠？-109

董明珠的经典商业逻辑-111

雷军的新锐商业逻辑-114

技术创新，还是商业模式创新？-117

新东方：开除互联网授课的老师！-120

网络商业地产PK实体商业地产-126

马云：电子商务今天1万亿只是刚刚开始-127

王健林：说传统产业要死的乌鸦叫了不止一次-129

马云：电子商务不是生意模式，它是生活方式-135

马云：王健林赢了，这代年轻人就输了-137

王健林：不能搬上网的体验型业态将占万达的60%–138

家电大战：苏宁PK京东–141

京苏价格战引发行业混战–143

苏宁电商：起个大早，赶个晚集–148

苏宁的“一体两翼”互联网路线值得关注–152

互联网金融：到底是颠覆，还是改良？–156

阿里小贷和拍拍贷抢占贷款蛋糕–157

支付宝、微信支付抢占支付蛋糕–163

传统媒体：线下时代的流量分发者–169

成为高端内容制造商–175

成为信息平台的结构端点–175

餐饮：酒香也怕巷子深–179

第六章 **以效率提升为方向–185**

为什么互联网在中国对传统企业摧枯拉朽，在美国没有？–187

提升技术效率–189

提升商业模式效率–191

提升组织效率–193

第七章 **设计转型路径图-197**

传统企业三级跳-199

一级跳：苦练超级效率-199

二级跳：抢夺用户时间-200

三级跳：颠覆价值主张-201

三个战略建议-203

第一个建议：逐步放弃基于信息不对称的既得利益-203

第二个建议：做个基本决定，做产品还是做平台-206

第三个建议：做颠覆推演，设计转型路径图-207

引言：未来的商业只属于“来自星星的你”

为什么互联网将引发中国商业革命？

因为中国人的生活和社交方式已经被互联网彻底改变。

2014年，一首《时间都去哪儿了》红遍大江南北。360手机助手发布的《“90后”移动互联网调研报告》告诉我们时间都去哪儿了：六成“90后”每天用手机上网超过3个小时；不仅是“90后”，“70后”“80后”“00后”们也在刷微信朋友圈，看手机新闻客户端，玩手机游戏，用手机购物……

一年出货3亿多部的智能手机正在席卷天下。为了抢回属于学习的时间，有些中学在上课时间开启信号屏蔽器，避免学生上网；有些乡村中学没有这么高档的设备，干脆搜身、查行李，禁止手机进校。上有政策，下有对策，有的学生把手机塞在皮箱夹层里，有的爬墙头“走私”，有的直接学习电影

《肖申克的救赎》，在厚书中间挖洞，偷运手机……

这让我想起2012年年末因王岐山荐书而变得很火的名词“旧制度与大革命”，以及几十年前很著名的一个文章标题——“星星之火，可以燎原”。

互联网掀起的是一场社会生活的革命。

2014年3月，少林寺方丈释永信访问谷歌总部，体验了高科技的谷歌眼镜，并发表演讲：“谷歌对互联网信息自由带来的贡献，与佛法中众生平等的观念具有相同的理念。”互联网对人们生活方式的伟大颠覆，由此可见一斑。

商业模式是建立在社会生活模式的基础上的。社会交往方式变了，经济交换方式也必然随之改变。商业将跟随生活的步伐，实现互联网化。套用马云的说法，正如陆军被空军淘汰，太极拳、形意拳被机关枪淘汰，守旧的企业也将被互联网化企业淘汰。

著名财经作家吴晓波认为，制造业将会由原来依靠成本优势大规模制造的模式转变成“专业化公司＋信息化改造＋小制造”的模式。在10年之内，会有50%～60%的中国传统制造业企业迈不过这个坎儿，惨遭淘汰。

为什么“互联网style”如此强悍？我想用2014的“韩流”打比方。因《继承者们》而大红大紫的“长腿欧巴”李敏镐登上了CCTV的春晚舞台，高富帅的形象亮瞎了无数女性的慧眼。但李欧巴万万没想到，《来自星星的你》以“迅雷不及掩耳盗铃”之势横扫东亚。“外星人”金秀贤欧巴之所以更强悍，不是因为他更“土豪”，而是因为他是来自更高级时空的人，拥有拯救爱人的超能力，开创了服务“女神”的全新时代——面对完全不在一个档次的竞争，李敏镐只能严重抗议“太欺负人了”！

今后的商业，将成为“来自星星的你”完败“继承者们”的时代，“继承”传统打法的企业面对拥有“来自星星的超能力”（移动互联网）的企业，结局只能是被“女神”（客户）淘汰，风流总被雨打风吹去。

鉴于目前很多传统企业“老办法不管用，新办法不会用”的现状，本书将用“互联网的加减法” 这个简单模型清晰地说明商业新时代的游戏规则和全新玩法，帮助传统企业化解“本领恐慌” 。

第一章

2013，中国商业史的新分水岭

传统企业巨头高呼向互联网化转型

临近马年春节的某天，青岛，海尔集团董事局大楼会议室。虽然春节已近，但是这里似乎并没有放松的节日气息；相反，紧张的战斗气氛让人在这寒冬季节都感觉有些热气腾腾。

会议室里坐满了海尔各部门的高管，每个人都带着自己的抱负和问题。这两天开的是闭门会议，仅限海尔集团战略部邀请的部分高管。讨论非常激烈，碰撞出很多火花，各个部门高管不断邀请更多本部门的人加入。会议进行到第二天下午，我已经不知道这是第几波团队了。

“刘总，非常感谢你，”一位海尔副总裁对我说，“今天一上午学到的东西，比我过去一年学到的还多。”另外一位高管问我能不能多住一晚，好在第二天一早向他们董事长做专项汇报。我第二天在上海已有安排，只好说来日方长。他说：“我们请过很多专家讲解，都没彻底弄明白，虽然今天我们只聊了一两个小时，但却一下子捅破了窗户纸。”

听到这样的评价，我唯有说谢谢。作为海尔集团的战略咨询顾问，我很荣幸。但我也深深知道，**传统企业的互联网化，哪里是两天的闭门会议就可以瞬间冲出困境、拨云见日的呢？传统企业的互联网化，不是一刀切，不是三板斧，而是一个复杂的系统工程。需要有决绝的勇气，更要有非凡的智慧、过人的毅力；需要有战略变革的高度，更要有组织变革的深度。**

张瑞敏是我非常敬佩的企业家。你越深入研究海尔，就越会被张瑞敏的战略前瞻性、管理创新性所折服。他提出了“日日清管理法”和“人单合一”的企业社会化机制，尤其是有口皆碑的“服务到永远”的宗旨，是很多企业学习的榜样。2014年3月20日，美国《财富》杂志评出“全球最伟大的50名领袖”，“将海尔集团打造成国际大品牌”的张瑞敏，名列第22位。

但即便是张瑞敏这样泰斗级的企业家，也都在高声疾呼：传统企业走到尽头了，必须互联网化转型。

不仅是张瑞敏，同样是泰斗级的企业家，刘永好说：“新型的互联网的格局正在冲击到传统的产业——互联网冲击了零售，互联网冲击了制造业，互联网甚至冲击了我们所谓高富美的银行业。互联网的金融势头非常猛，我们银行感觉到极大的压力，我们怎么办？”王健林说：“互联网对传统行业的冲击这是趋势，可能今后所有行业都要互联网化，这是趋势。我已经有一个认识，今后所有行业必须互联网化。”俞敏洪说：“面对这样的时代，只有两种人，一种人想办法集中自己所有资源，才能继续保持江湖地位；另一种人则必须随时做好这个江湖地位被他人取代的准备。”马明哲说：“互联网肯定会改变社会的经济、文化，各行各业。”……

朋友们，上面这些话，并不是百度、阿里巴巴、腾讯等互联网公司的言论，而是传统企业巨头们的惊呼。到底发生了什么，会让传统企业一夜之间都有了生死之忧呢?

2013，互联网用加减法让商业“面目全非”

2013年，是个很特别的年份。

这一年，新技术层出不穷。互联网形态的重心，已经正式从PC互联网移到了移动互联网，可穿戴式设备也开始萌芽。在PC互联网时代，以百度、腾讯、阿里巴巴为代表的互联网公司大局已定：百度掌管搜索，腾讯掌管社交，阿里掌管电商。PC互联网时代的“三国”形成制衡。随着人们上网时间向手机设备的转移，大家逐渐意识到，PC互联网的既有地位完全不意味着在移动互联网上的江湖座次。新的领地，重新排名，这是一个全新的游戏。于是，“老三国”疯狂拼杀，“新三强”（京东、奇虎360、小米）势头更猛。为了获得移动互联网的“船票”，阿里巴巴收购了高德导航，百度收购了91助手，腾讯收购了大众点评网……腾讯突然发现自己即使不用收购，一张头等舱的船票就已经握在自己手中，这张船票就是“微信”。

神仙打架，百姓遭殃。在这些公司的混战中，虽然它们可能真心没有针对传统企业，但是传统企业频频受伤，而且伤得很重，甚至可能遭到致命打击。用马化腾的话说：巨人倒下时，体温还是暖的。它们用的战争工具，叫作“二向箔”；战斗手法，叫作“降维打击” 。什么叫“二向箔”？什么是“降维打击”？

这要从一本很著名的科幻小说《三体》说起。这本书的作者叫刘慈欣，是位物理学家，他可以用深厚的物理学、宇宙学功底讲述以宇宙为背景的科幻故事，尤为引人入胜。《三体》被一些科幻小说迷奉为“史上最好看的科幻小说” 。《三体》第三部里面有这样一个段落：

> “我需要一块二向箔，清理用。”歌者对长老说。
>
> “给。”长老立刻给了歌者一块。
>
> …………
>
> 但歌者有些不安：“您这次怎么这样爽快就给我了？”
>
> “这又不是什么贵重东西。”
>
> “可这东西如果用得太多了，总是……”
>
> “宇宙中到处都在用。”
>
> “是，到处都在用，可我们以前还是多少有些节制的，现在……”
>
> “您是不是听到什么了？”
>
> “是不是母世界已经准备二向化了？”
>
> 长老没有回答，也许是默认了。
>
> …………
>
> 歌声中，歌者用力场触角拿起二向箔，漫不经心地把它掷向弹星者。

这里说的二向箔，是什么东西呢？网上对它的解释是：二向箔，是宇宙在黑暗森林状态下星际文明的一种毁灭性攻击武器，一个被力场包裹的“小纸片”。与三维空间接触的瞬间，使三维空间的一个维度蜷缩到微观，从而使三维空间及其中的所有物质跌落到二维，达到消灭敌方的目的。

“使三维空间里的物质跌落到二维”，这就是我们说的“降维打击”。举个例子，向你扔一张小纸片（二向箔），就把原本活在三维世界里的你“啪”的一下贴在墙上变成一张照片。这是非常恐怖的打法。高维文明打击你的时候，用的是和你完全不同的先进武器，它把三维世界变成二维的，三维世界里的原子弹、氢弹，一点儿用都没有。也就是说，它打你，你连还手的余地都没有。“降维打击”今天在互联网界非常流行。有人说“原子弹什么的都是浮云，降维打击才是王道”。

互联网对商业的降维打击，也就是本书下文将要展开说的“互联网减法”。互联网对商业还有“升维打击”，也就是本书下文将要展开说的“互联网加法”。

2013年，互联网世界里的神仙打架，三次“降维打击”了传统企业，传统企业面对“互联网减法”，一时间乱了阵脚。

阿里巴巴给金融业做减法：余额宝

马云曾经放话：如果银行不改变，我们就改变银行。他推出的二向箔定点降维打击所有银行。

2013年6月，阿里巴巴集团推出互联网金融产品“余额宝”。提供一元起投、随存随取、隔夜付息的理财产品。这个理财产品本质就是一种早已存在的产品——货币基金，只是余额宝让货币基金的购买、收益、赎回从未如此简单，就和活期储蓄一样，而且还可以消费。之后百度、腾讯迅速跟进。

2014年1月28日数据显示，阿里巴巴余额宝（天弘基金增利宝）七天年化收益率6.4160%，百度百发（嘉实1个月理财债券E）7.8590%，百度百赚（华夏增利货币E）6.819%，腾讯理财通（华夏基金财富宝）7.4500%。

这些宝、这些发、这些通，对普通用户来说，简便如活期存款一样，随时收益、随时消费。而“蝙蝠侠”（BAT，百度、阿里巴巴、腾讯）是如何做到和它们背后的基金公司一起提供甚至比银行贷款利率（6%）还高的“存款利率”的呢？

支付宝曾经专门解释过：我们的钱，主要是投向了银行间货币市场。其中84.5%是银行存款和结算备付金。百度百发的说明文件里也说：我们的钱100%投资于银行协议存款。腾讯理财通表示：我们的钱主要投资银行存款和短期债券，收益来源于银行存款利息收益和债券投资收益。

也就是说，“蝙蝠侠”使用了“互联网”这个史上最强大的核武器，把用户的钱汇聚起来，结果大部分的钱还是存入了银行。可是，同样都是存入银行，为什么它们存，就能有更高的收益呢？

央视财经报道称，目前银行存款规模以日均千亿之级别迅速萎缩，继而传导至信贷新增规模的日益紧张。而余额宝却以每分钟300万元的速度净增长，绝大多数是从银行撤离的。2014年五大行一年期以内（含一年）定存利率目前最低上调8%，以应对互联网金融产品的冲击。

银行正在面临突如其来、前所未有的挑战——存款迅速流失！这些钱很大一部分都流向了“蝙蝠侠” 。银行想很多办法吸储，比如提高利率，以及用“协议存款”的方式再把钱从“蝙蝠侠联盟”手上借回来。协议存款，就是利息要商量着来。这也是为什么余额宝、百度百发、理财通的钱很多还是存入银行的原因了。

于是，对银行来说，就出现了一个可怕的恶性循环。当储户发现“蝙蝠侠”给的利率明显高于银行，就会趋利性地把钱存过去，造成银行存款减少，银行于是不得不妥协，以更高的协议存款利率来向“蝙蝠侠”借钱，于是“蝙蝠侠”可以提供给储户更高的利率，然后更多储户把存款搬家……有人觉得这太可怕了，说余额宝是吸血鬼。

余额宝像个黑洞一样，吸进越来越多的存款，然后用事实的“市场化利率”借给银行，抢夺原来属于银行的利差利润，并分给每一个储户。这简直就是：“蝙蝠侠”带领着全中国愿意相信互联网金融革命的储户一起“抢银行”！

这听上去很不可思议，但却是正在发生着的事情。银行在获取存款成本不断上升、贷款利率却依然固定的背景下，利润必然下行。如果国家进一步出台《银行破产法》，将可能导致一些效率低下的银行破产。金融业从而面临一次洗牌。

当然，银行以及银行监管部门不会坐视这样的事情发生，只是事情发展得太快了，让大家措手不及。长久来说，这场博弈一定会以利率市场化为最终结果，回到健康的平衡。银行将不得不提高运营效率，在“蝙蝠侠”的帮助下，真正的甲方“用户”终于扬眉吐气，开始可以选择乙方。不管怎样，储户将是最终的受益者。

余额宝重新构建了资金流的商业价值链，带着储户公然地、合法地“抢

银行”，这就是互联网金融的威力。

小米对电视产业做减法：小米电视

2013年下半年，小米继手机之后，推出了小米电视。9月5日，我受邀作为VIP嘉宾，参加了“小米2013年度发布会”。

发布会在鸟巢和水立方旁边的国家会议中心召开。听说人可能很多。虽然明确要求必须凭NFC（近场通信）令牌或者确认短信才能入场，但是主办方也做好了3000人的会场因为无法控制局面而涌入5000人的打算。我极度担心踩踏事件发生，虽然发布会14:00才正式开始，我还是在13:00就来到现场，希望早早找到座位坐下来。

虽然会场门口，移动、联通、电信的三辆信号车早已待命，但我的移动3G还是完全瘫痪，睡得和死猪一样，发不出去一条微博。门口“米粉”们蜿蜒的长队，在穿迷彩装的工作人员的指引下，缓缓入场。听说这些“米粉”来自全国各地，尤其是一些城市的“同城米粉会”，他们扛着自制的大旗互相较着劲，一副七十二洞洞主齐聚光明顶的豪迈和不可一世的气派。会场里摆满了荧光棒和各种演唱会观众道具，超大的屏幕上放着电影预告片一样的小米视频，或者“米粉”在微博上的激动发言。

我参加过、组织过多次各种各样的发布会。很多活动上，观众领了礼品，就冷冷地坐在那里，看着台上自娱自乐。如果大门不锁死，不少人会早走；不早走的，大半是等着抽奖。微软常在内部说，我们的问题是，用户已经不觉得我们“酷”了，我们要“酷”起来！可是，五六十岁坐着私人飞机的中老年朋友，和十几二十岁的小朋友的“酷”字写法能一样吗？那是两种文字。我仔细观察着，我相信，这些人大多数不是被“钱”买了脑的托儿，而是被“酷”洗了心的“粉儿” 。雷军这位老同志看来真的知道，二十岁的“酷”字有几种写法。

雷军在台上说：一台电视的所有成本，就是那块屏，为什么要弄十几个不同的型号，价格从3000元多到10000多元？反正我是没有想通。他顿了顿又说，小米47英寸3D智能电视，全部顶配（最高标准硬件配置），2999元！

当雷军报出这个价格的时候，全场沸腾了。

2999元！47英寸的高清电视，在苏宁易购上，最便宜的也要卖3300多元。高富帅们喜欢的索尼、夏普更要7000～9000元，而小米电视几乎都是顶配，售价却只有2999元！一个传统企业绝对做不到的价格！

小米2S用下来，让我相信，便宜不一定代表质量差。虽然大部分人用质量差换取便宜。我觉得现在脊背最要发凉的，是TCL、创维、长虹、康佳、海信、海尔这六大电视机厂商。雷军说，我们要做年轻人的第一台电视。别说年轻人，你直接跑到国美、苏宁门口在那些从来不上网的大妈们中间做个调查。什么功能都不用介绍，你就说：2999元，47英寸液晶彩电，你买不买？她会跑进商场问一圈价格，然后出来骂你：骗子！怎么可能有这么便宜的电视！

互联网公司进入电视领域，多半选择做盒子，通过HDMI接在电视机上，或者和一家传统电视机厂商合作，把UI和内容植入电视机。不思进取的电视机厂商乐见其成，他们没有意识到，互联网公司不是要借助他们登堂入室，而是要取而代之。

TCL算是传统电视机厂商中醒得比较早的。看天色不对，有危机感的李东生就开始主动寻求突围，先是和腾讯合作发布了冰激凌电视，然后和百度合作发布了爱奇艺电视。马化腾、李彦宏各自陪李东生出席了产品发布会。但我觉得其实两人都没真往心里去，估计是发布会之前，下面的人给他们简报的时候才知道要发布什么。否则，如果用上做腾讯微信、百度搜索1/10的心思，这些“互联网电视”就不会如此难用了。李东生遇人不淑。

今天电视机的市场，已经成熟到和中关村攒机一样简单。电视最主要的组件——屏幕——都是带着模块出厂。和控制芯片、外壳一接，连遥控器一起装箱，就是一台电视机。南京有一家熊猫电视，号称一年销售几百万台，但你几乎没在市面上见过。那是因为它除了主要销往江苏三、四线城市外，就是在帮六大电视厂商补充产能。为了节省运费，六大厂商甚至会互相代工。海尔会请长虹代工销往西部的电视机，长虹也会请海尔代工销往东部的电视机。虽然两家在商场里打得很厉害，但售货员和你比较来比较去，很可能就是在比较一台长虹电视和一台贴着海尔商标的长虹电视。电视机的国产化比率已经非常高了，再加上这样无核心竞争力的竞争，整个电视机产业的利润一年只有几十亿人民币，都不够支撑刚成立3年的小米这一家公司百亿美金的估值。

所以，定价2999元的小米电视的目标，一定不是只满足于生产电视机。通过推广小米电视，它可以扩大MIUI（能给国内用户带来更为贴心的安卓智能手机体验）的用户规模，获取更多利润（2013年12月利润已达3500万人民币）。此外，小米多半还想通过电视机的占有率，抢占客厅入口，插手电视节目和电视游戏。

这辈子我就不赚电视机的钱了，我赚别的钱。这样，2999元的价格才变得可以理解。**这里面，一部分的价格空间，来自于没有国美、苏宁等垄断渠**

道的贪婪压榨；另一部分来自于对未来美好愿景的贴现，用成本价换取终端占有率——我不赚钱不算不正当竞争吧。

用我的话说，就是小米给电视业做了减法——减掉渠道，降低成本，得到超级竞争力。

又是一个“免费”的互联网大佬杀入传统行业，只不过，这次免费的是硬件。我不靠硬件生产赚钱，和你完全不在一个维度上竞争。**小米的本意不是想进入电视行业，只是小米想赚别的行业的钱的时候，顺便一不小心打击到了传统电视企业——“消灭你，与你无关”。**

京东对零售业做减法

最近有个热点新闻，腾讯入股京东，成为拥有15%股份的重要股东。这体现了京东商业模式的吸引力。

京东商城对苏宁、国美就是一种降维打击。今天还有多少人跑到苏宁去买家电呢？人们已经养成了全新的消费习惯，跑到苏宁卖场后，去拉一拉冰箱的门，看看是不是紧闭的，然后问问这个品牌的服务质量怎么样，最后呢，他去京东上下单了。

一夜之间苏宁的所有门店全都变成了京东的体验店。因为京东的价格结构和苏宁的价格结构完全不同。京东是没有线下门店的。

以我穿的鞋子为例，我这双鞋子的成本大约是150元，到了省级总代理商那里变成大约250元，然后他会以400元左右的价格卖给零售商，零售商想要卖800块，但商场还要拿走售价里的40%～50%，于是最后的零售价变成

1500元左右。

一双成本150元的鞋子，最后要卖1500元，中间还没有人赚大钱。如果厂家直接在网上卖这双鞋，他觉得卖300块钱已经很了不起了，已经是暴利了。

这个网络售价将彻底打破原来的价格体系。京东就是在玩这个游戏。京东的价格一定比所有零售商的便宜。所以，人们在苏宁拍下二维码，在京东上下单是一定会发生的。

原来苏宁最重要的能力之一，就是在全国各地开店，开店就能赚钱，多开一家店就多赚一笔钱。京东模式出来之后，苏宁的门店瞬间从资产变成了它的包袱。所以2013年，苏宁大量地关店。开店已经不再是优势了（和国美等连锁商场相比），也许迅速关掉没有价值的店才是优势。

苏宁的另一个重大举措是线下门店和线上商城价格同步，不仅与苏宁易购同价，还与京东商城同价，否则苏宁的线下门店将没有交易。2013年，线上线下同价之后，苏宁的利润剧烈下降。

苏宁的老板张近东曾经是中国的首富，如今也面临着前所未有的挑战。京东对传统零售业的冲击为“降维打击”做了典型的阐释。

所以，2013年是个很特别的年份。这一年，新技术（互联网、移动互联网、穿戴式设备等）已经不满足于在自己的领域里战斗了，开始大举正面进军传统行业。没感受到的人浑浑噩噩，感受到的人如临大敌。这一年必将会成为“传统行业互联网化”的元年，成为中国商业史上毋庸置疑的分水岭。

第二章

互联网革命的本质是什么？

信息传播革命：从印刷术、电信技术到互联网

在中国共产党成立92周年前夕，习近平总书记在主持中央政治局第七次集体学习时强调指出："历史是最好的教科书。"

不读历史，我们不能真正理解为什么互联网这个"东西"能对传统产业产生如此大的影响，也不能真正看清它在人类历史上的重要地位。

我们是幸运的，我们生活在一个发生着巨大变革的时代，是前人所没有经历过的。上次类似的变革，要在一百多年前。互联网作为更先进的信息传播工具，正在引发新一轮工业革命。

杰里米·里夫金，享有国际盛誉的社会批评家和畅销书作家，著有《工作的终结》《生物技术的世纪》《路径时代》，每本书都被翻译成15种以上的语言。杰里米还是华盛顿特区经济趋势基金会的主席，曾经担任过前欧盟委员会主席罗曼·普罗迪的顾问。2012年，他有一本非常著名的新作，叫作《第三次工业革命》。

杰里米认为，塞尼菲尔德在1796年发明了平版印刷术，印刷业中的蒸汽动力所依赖的主要能源是煤，以报纸、杂志以及书籍等形式出现的印刷材料是第一次工业革命主要的通信手段，改变了之前口耳相传的信息传播途径；“煤炭、蒸汽动力、火车+印刷术”成为第一次工业革命的主要形态，使19世纪的世界发生了翻天覆地的变化，催生了大量垂直的、高耸入云的高楼大厦。

他认为，电信技术与燃油机的结合引发了第二次工业革命，电话、收音机和电视机重塑了人们的生活，使得人们分散居住成为了可能，催生了一种全新的信息网络；“石油、内燃机、汽车+电信技术”成为第二次工业革命的主要形态，为20世纪的人们开创了新世界，催生了分散郊区的发展。这种发展是线性的外延式发展。

在他的新作《第三次工业革命》里，他进一步指出，第三次工业革命则是互联网技术与可再生资源的结合，互联网技术使得人们双向沟通的效率大幅提升，极大缩短了沟通的渠道，消除了一切基于信息不对称的商业模式；“可再生能源+互联网技术”成为第三次工业革命的主要形态，也将在21世纪从根本上改变人们的生活和工作。他认为，第三次工业革命催生的结果与前两次是截然不同的，我们即将步入一个“后碳”时代。人类能否可持续发展，能否避免灾难性的气候变化，第三次工业革命将是未来的希望。

历史上，新型通信技术与新型能源系统的结合预示着重大经济转型时代的来临。纵观人类历史，新型的通信技术与能源体系交汇之际，正是经济革命发生之时。现在，互联网技术与可再生能源即将融合，并将为第三次工业革命奠定一个坚实的基础，也意味着传统企业必有转型的可能。

印刷术、电信技术（电报和电话）、互联网，《第三次工业革命》告诉我们，历史总是惊人地相似——每一次的工业革命，都是由一次重大的“沟通效率”的提升最终引爆的：如果不是印刷术，人类的知识无法如此广阔地传播；如果没有电报、电话，人类不会顺利地大迁徙；而今天的互联网，将再次引爆“第三次工业革命”，促成原子（实体经济）与比特（数字经济）的结合。

互联网不是终点，它只是不断提高沟通效率的革命中的一个台阶而已。我们往回看，可以很清晰地看到“印刷术—电信技术—互联网”这三个台阶；向未来看去，也许更多台阶还在前面，只是以我们今天的知识和智慧还无法预见而已。

社会交往革命：从河流、航线到互联网数据

我不敢妄言什么才是互联网的本质。

从技术角度来说，互联网是一些被连接在一起的设备。但是，这些连接在一起的设备，对我们的生活、经济，甚至是政治制度，到底产生了什么样的影响呢？

管理学大师彼得·德鲁克说："互联网消除了距离，这是它最大的影响。"

我深表赞同。从这个角度我们可以进一步理解互联网的历史意义：人类是社会动物，有交往的本能（荀子认为"人能群"是人与动物的根本区别），阻碍人们交往的是远距离带来的高成本；不断消除距离，让地球成为交流无障碍的"地球村"，这种渴望推动着技术进步。互联网是截至目前的最高技术成就，是人性本质的最佳体现。

19世纪20年代英国修筑铁路，是人类近代史上大幅度地消除距离的例

子。铁路的影响要早于互联网，而且更迅速一些。而当时的铁路建造者并未看到它的潜质，他们仅修了一条很短的铁路，从利物浦到曼彻斯特。首先发现铁路重要性的是罗斯柴尔德家族（Rothschilds），他们建造了当时世界上最长的铁路，从维也纳到布拉格。

电信技术进一步消除了沟通的距离。现在很多金融服务机构的客户服务电话业务部（专门处理从客户那里打来的电话，诸如“我的股息支票在哪里？”等）从美国中西部移到了印度的班加洛尔（Bangalore）。印度有相当多受过良好教育的讲英语的妇女，她们去上学的目的就是学到纯正的美语。如果你从美国的威斯康星州打电话给这个业务部门，你根本分辨不出你在和谁说话。如果客户问到一些非常规性问题，这些接线生就会将电话转给美国本部。作为顾客而言，你根本不知道那些处理客户电话的人在哪里工作。将公司客户服务部放到印度的原因并不仅仅是由于工资水平的不同，而且是因为在美国这样的国家中，你根本找不到愿意做这种极为枯燥工作的人。

现在到了互联网时代。早前，中国的两个陌生人想要互相认识，可能需要借助三姑六婶的帮助和介绍，依据“六度分隔”理论，陌生人之间建立联系的最远距离是5个人。也就是说，中间平均需要5个人牵线搭桥，才能认识。那么这个时代，人们认识的方式又是什么呢？只要关注其Twitter、微博，或者通过朋友间的微信群即可。六度空间的原理没变，但是一个微信群，就让六度瞬间变二度。

以往，物理空间是个很大的成本和载体，写信需要双方的具体地址；打电话虽然跨越了空间限制，但是双方需要同时在线上。而现在，我们的沟通已经打破了地域以及时间限制。比如：微信、微博上的一个问题，对方可以即时回复，亦可以在半小时后再做回复。人与人之间的沟通效率已经高到其成本趋于零的地步。相对来说这比异步的传统邮件方式更为便利。我们已经不需要再受对方是在中国还是在美国的地域以及时差的限制。以往通过写信的方式传达消息，可能需要长达两个月，而现在，可能只需两秒钟的时间。

手机、移动设备使得人与人之间的沟通做到了“接近同步的异步”。相较于以前电脑客户端供选择的“离线、忙碌、隐身”状态，微信已经完全没有所谓的“在线状态”。我们可以认为，手机应用，比如微信的设计，是基于手机是人身体的一部分的假设，正如广发手机银行的宣传语所说：“随时随地随身随享，这是自由。”

所以说，互联网最大的影响，就是通过提高沟通效率的方式，消除了距离。

我们甚至可以说，人类的文明，是随着沟通效率的提升而不断升级的。根据下面讲到的历史经验，互联网作为更先进的社会交往工具，必将再造人类文明。商业作为人类文明的一部分，被互联网再造实是“天注定”。

图 1　人类文明发源地都围绕着河流产生

一开始，人类的文明围绕着河流产生。因为水源让耕种成为可能，河流对古代文明的发展有举足轻重的影响。（见图1）

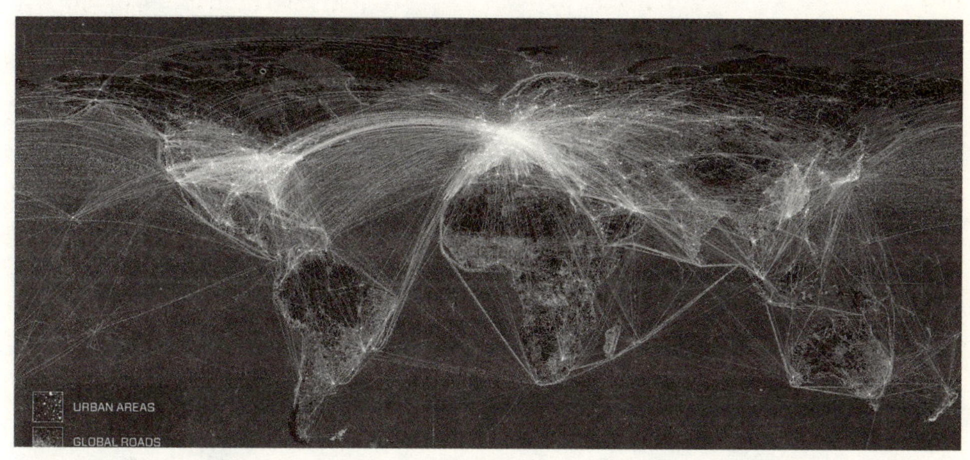

图2 全球的交通系统（来源：http://news.buzzbuzzhome.com/）

后来随着交通的发展，如空中航线、海上航线，人们可以更加容易地到达远方，所以，交通是文明发展的重要里程碑。（见图2、图3）

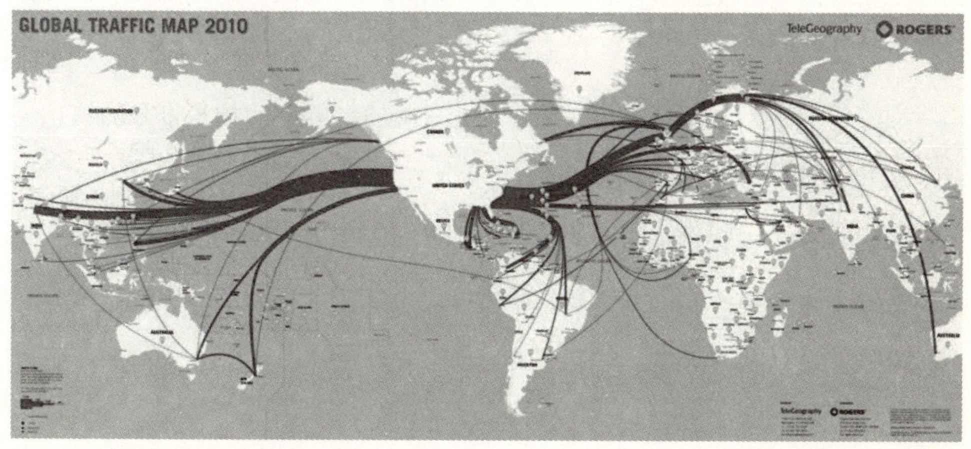

图3 2010年全球交通图（来源： http://www.internet-history.info/）

物理距离的延伸，慢慢随着电信技术的进步（尤其是电话）发展和引爆。

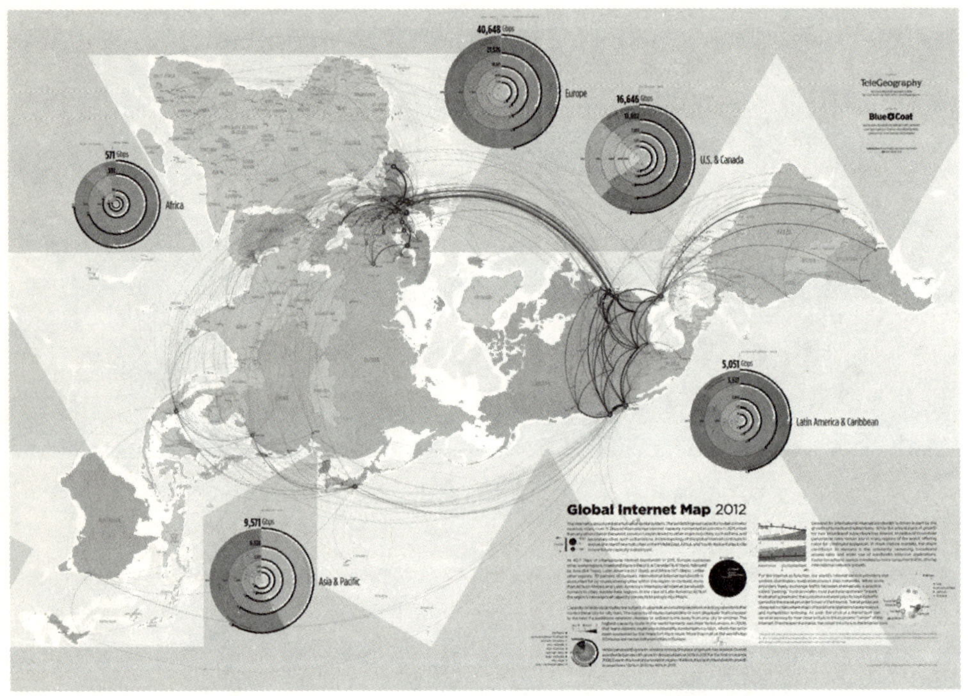

图4　2012全球互联网地图（来源：http://www.internet-history.info/）

如今，“大数据生态河流学说”提出了观点，互联网技术带来的信息流通，就像“信息的河流”一样，孕育产生了新的文明：信息文明。

互联网极大地提升了沟通的效率，消除了距离，并甚至因此提升了人类的文明水平。从欧亚大陆文明领先于大洋洲和南、北美洲的历史经验来看，信息越密集、交互越快速，文明就越先进。（见图4）

企业竞争的迅猛升级：从地段、流量到时间

企业永远在追随客户的脚步。在互联网出现以前，人们在商铺里流连忘返。企业争夺的是进入更多、更好的商铺。身处北京王府井、上海南京路、广州上下九、杭州武林路、重庆解放碑，天天都过“三八”节，它们是女性心中的圣地，是这个时代的象征。在互联网普及之后，人们开始在电脑和智能手机里度过幸福的“虚拟人生”，“下单帷幄之中，发货千里之外”成为经典的消费模式。那么，**企业如果还想为客户提供贴身服务，就必须转移战场。**

传统经济的商业距离：地段

我先引入一个“商业距离”的概念，用以描绘如何来度量商家与用户之间的距离。

李嘉诚经营房地产的金科玉律是“地段、地段，还是地段”。这不仅是

李嘉诚衡量一块商业地产、住宅地产的价值标准，也是所有房地产商、商户以及普通市民的标准。不管各种地产项目怎么宣称自己适于投资、开店和居住，地段永远是大家考虑的第一要素。

为什么大家这么在乎“地段”呢？有人会说，这是常识啊，这还用讨论？让我们以商铺为例，看看常识背后的道理。

如果价格不是问题，那么开店的可能都希望在北京王府井百货或者上海的恒隆广场有一间自己的门店。这两个地方不管周一还是周六，无论早上还是晚上，都是人流如织。如果价格不是问题，那么租办公室的，总希望在最繁华的地段——地铁、公交、开车都很方便的地方——有一间自己的高档办公室，不仅可以很大程度地节省出行的时间，客户也更愿意上门拜访。

原因是什么？原因是：好的地段，沟通效率更高。

喜欢购物的人，已经养成了去逛王府井或者南京西路的习惯，那里的商业密集，每到周末，大批的女孩子以及陪着女孩子的男孩子，就会出现在这些商场或者购物中心里，挑选自己喜欢的商品。如果你想开一家商店，那么你希望把店开在这里的原因是，在这里可以更加密集地和更多的潜在客户“见面”，虽然你得付出更高的租金。

写字楼也一样。因为商业密集、人群密集，交通发达，所以不管你走出去，还是你的客户登门，都方便你和他们“见面”。

在传统经济领域，很多的生意都是“见面”后才最后敲定的。见面才有更高的沟通效率，因为你可以亲自摸一摸“衣服”的质地、看一看颜色是否喜欢、试一试是否合身。而这些，在电话里是比较难讲清楚的。

好的地段，就是在同一时间段聚集更多的潜在客户，用见面的方式提供更加丰富的信息（颜色、款式、大小、对人的信任、讨价还价等），提供更

高的沟通效率（人流更密集，沟通更深入），促成生意。

所以，你会发现，一些专业的公司决定在哪里开店的时候，他们会派人在那里蹲点半个月，计算白天以及晚上、工作日以及周末的人流量，计算人流密集度，用数字化的方法，决策开店的地段。

于是，我们就有了“地段为王”的说法。

PC互联网的商业距离：流量

每个时代都有每个时代的特征，以及阶段性的“真理”。

熟悉物理的人都知道牛顿第二定律。

> 牛顿第二定律：
>
> 物体的加速度跟物体所受的合外力成正比，跟物体的质量成反比，加速度的方向跟合外力的方向相同。公式：F=ma

这条物理学定律，一直被奉为经典，它也确实非常完美地解释了几乎一切自然界的运动规律。以至于很多人相信，它就是“上帝的那只手”，左右着人间的一切运动。

直到爱因斯坦提出了相对论，人们才发现，原来牛顿的力学定律解释不了“微观粒子”——这个人类以前无法观测的物理领域。牛顿的力学定律也解释不了接近光速运行的物体的运动规律——这个人类以前无法理解的速度极限。

牛顿力学在这两种情况下，就是错的。而爱因斯坦的相对论不但适用于微观粒子、光速运动，同时也适用于低速物体。所以，有人把牛顿力学称为“经典力学”，是真正的物体运动规律在低速环境下的一种近似。

“地段”，就是一种“低速沟通”下的测量“商业距离”指标的一个近似单位。随着互联网的发展，更加精确的距离刻度被发现，那就是：流量。

电子商务刚刚兴起的时候，很多培训公司教大家如何到网上开一个自己的网店，设计网页、陈列商品、选择支付方式、连接库存系统。很多实体店铺花了几万元或者几十万元在网上开了一个店后，以为可以一劳永逸了，因为网上店铺是不需要付租金的，因为除了域名和空间托管费用（每年几千元）之外，几乎没有其他开支。

但是后来很多人发现，这些“没有店铺租金”的网店，生意惨淡，因为没有人去访问。这就和在了无人烟的深山里面开了一家肯德基一样，除非你派直升机接送，否则，炸鸡做得再好吃，也不会有生意。

互联网这种没有中心的自由形态，使得无论你把店开在哪里，只要没有由外而内的“链接”（如同现实世界的道路），就不可能有人来访问；就算有了链接，如果没有“流量”（如同现实世界的人流），道路上也是空空荡荡的。谁拥有流量，谁就有机会与客户沟通。

流量，成为PC互联网时代的商家与用户沟通的新的“商业距离”。流量，就是单位时间内，有多少互联网用户，顺着你由外而内的链接（或者是从浏览器敲入你家地址主动访问），来到了你的网站。**在PC互联网时代，流量为王。收集流量、分发流量，就成为PC互联网时代的一门大生意，它的地位就像传统行业中的商业地产商一样。做这门生意的，在中国，有三家平台型公司最知名：百度、阿里巴巴和腾讯。**

百度如何批发流量

百度是一家搜索引擎公司，提供搜索服务。随着互联网的发展，网站越来越多，信息在迅速爆炸。一个用户找到一个对自己有价值的网站、一条有价值的信息越来越难。所以，很多人打开浏览器，打开的第一个网站是——百度。然后在搜索框里输入一些关键字，比如“北京—西安机票”，或者“西安的天气”，或者“西安的土特产”等，找寻自己想要的信息。

百度搜索确实解决了很多人的问题，当“有问题，百度一下”变成很多人上网的第一站后，百度就成功地搜集了流量。然后，它再通过搜索页右侧根据你输入的关键字弹出的“上下文相关的广告”，把一批流量“卖给”一些商家。理论上左边的搜索结果是免费的，因为那是对用户最有价值的信息，右边的广告是向目标商家收费的，因为百度给他们带去了流量。

比如，2014年2月1日，我在百度搜索“最好的手机”的结果。（见图5）

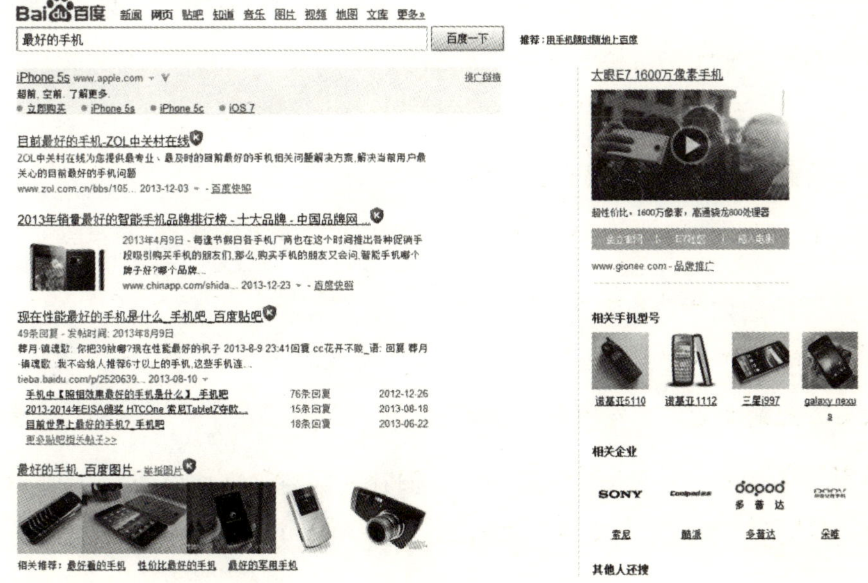

图5

· 网页左边，“目前最好的手机-ZOL中关村在线”是根据我输入的关键字“最好的手机”，根据一定的算法，计算出来可能对我最有价值的信息。这条下面都是这类信息。

· 网页左边最上方“iPhone 5s”，显示“推广链接”，说明苹果公司花钱把“最好的手机”这几个字买下来了，每当用户搜索这几个字的时候，就会在这个位置显示“iPhone 5s”。如果用户点击这个链接，就会给苹果网站带去流量。

· 再看右边，买下“最好的手机”这五个字的，还有“大眼E7 1600万像素手机”。看它的明显程度，也许花了比苹果公司更多的钱。

“买下关键字”的概念，就是当用户用这个关键字搜索的时候，展示广告主的指定内容，按照每千次展示，或者按照每一次点击收费。也就是说，如果我点击了一下上图中“iPhone 5s”这个链接，苹果就要为我的点击（通过“链接”，带去“流量”）给百度付钱。

所以，本质上，百度就是一家通过收集流量，再分发流量赚钱的平台型公司。

阿里巴巴如何分发流量

淘宝也是靠做平台来实现赢利的。

理论上来说，在没有中心的互联网时代，随着网站越来越多，用户找到一个对自己有价值的网站、一条有价值的信息，这个行为，都可以叫搜索。

百度做的是综合搜索，淘宝做的是购物搜索。

2003年5月，淘宝成立，在eBay需要收取成功交易的手续费的时候，宣布全免费交易。这就让很多小的商家（B，Business）或者个人（C，Customer）燃起了在淘宝上开店的热情。经过10年的发展，淘宝上的店铺已经非常之多，占据了中国电子商务绝对的垄断地位。

随着淘宝店铺的增多，10年前开一家店就可以很容易获得关注的时代已经一去不复返了。下图是我于2014年2月1日在淘宝网搜索“徒步鞋”的结果（见图6）。这个关键字的搜索结果显示有100页。我不知道是不是100页后还有结果，只是不再显示了。如果你是一个做徒步鞋的店铺，靠搜索结果被找到的难度越来越大，如果想要获得流量，你可能就要考虑购买右边“掌柜热卖”的广告了。

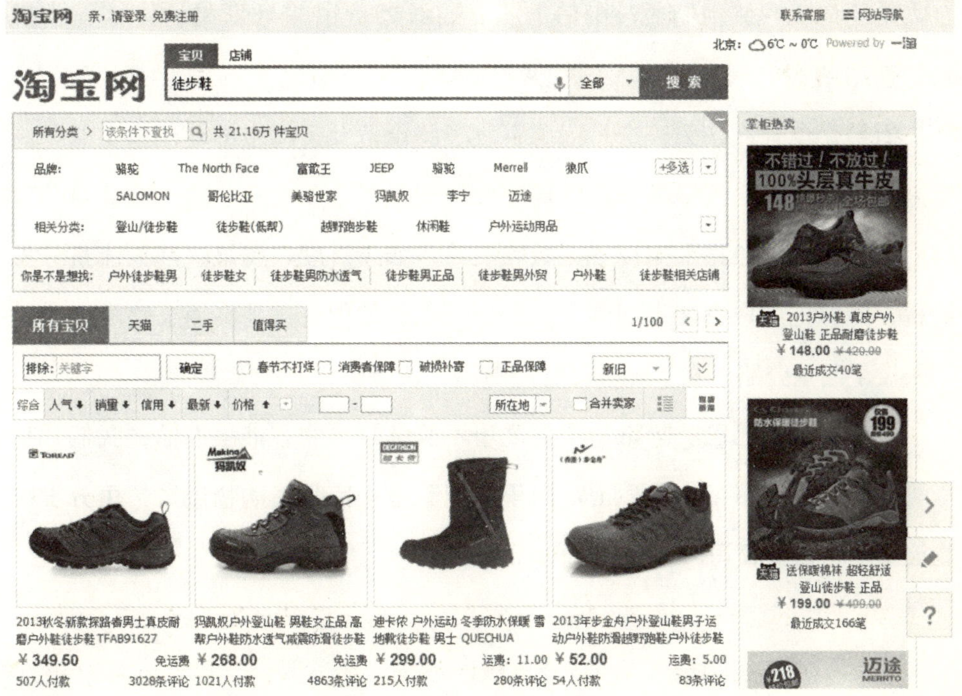

图6

互联网上流传的一篇文章中说，天猫（淘宝的B2C的平台，B2C即Business To Customer）现在的交易手续费大概是4%，而一个商家大约有40%的成本花在了广告以及各种各样获取“流量”的成本上，这可能也是淘宝、天猫更大的收入来源。淘宝、天猫的广告，采取了和百度一样的“竞价排名”策略，也就是所谓的“价高者得”，这个成本会随着竞争而越来越高。

这个数据来源未经验证，但基本表明了商铺“和用户沟通”的成本在上升。

2008年，淘宝封掉了来自百度的链接，也就是断掉了淘宝商铺从百度而来的流量，马云称，这是因为不法商家利用百度竞价排名、SEO优化（搜索引擎优化）等手段骗取消费者信任。2013年，淘宝封掉了来自腾讯微信的链接，也就是断掉了淘宝商铺从微信而来的流量。关闭微信通道的原因是当时有大量用户反映，他们通过微信上朋友圈或者营销账号发来的链接点击进入了伪造的淘宝网店，掉入钱物两空的陷阱。

但是，也有人认为，这是因为百度、腾讯危及了淘宝的“流量生意”。有人形象地比喻，淘宝在用户和商家中间架设了一条高速公路，把流量分发给商家，但是这条路上架设了无数收费站。如果百度、腾讯这两大流量分发机构，能够把用户直接带到淘宝、天猫商家，就像在这条高速公路的两边，又架设了两条公路，断了阿里巴巴的财路。这岂是马云所能忍受？

百度、阿里巴巴、腾讯的流量之争不管谁是谁非、谁赢谁输，我们几乎都可以确定一件事情：**本质上，阿里巴巴就是一家收集购物流量，再分发购物流量的平台型公司。**

腾讯如何分发流量

目前中国有8亿活跃的QQ用户——这就是社交的力量!

腾讯的QQ和百度的搜索、阿里巴巴的淘宝都不一样的地方就是，如果只有一个人使用，QQ本身就没有任何价值。但是随着使用的人数越来越多，QQ的价值就体现出来了。QQ和电话网络、互联网络的本质最为接近，是靠更多的用户黏住更多的用户，形成正向激励，不断增长。进入了社交网络的用户的最大迁移成本，是他的朋友们不会一起走。

所以说，腾讯用社交的方法，收集了最具黏性的一批用户，而且正向激励增长了很多年后，已经到达8亿的量级。于是，腾讯开始分发这个流量。但是，在PC互联网时代，腾讯更多的是在体系内分发。

2002年，QQ注册用户数突破1亿大关之后，腾讯开始销售虚拟物品（如人物形象服装、背景等）。2003年8月，腾讯推出QQ游戏，并以其VIP服务收取用户费用。在2012年第二季度，这两笔收入之和占腾讯总收入的74%。其间，腾讯还尝试过把流量分发给自己的电子商务网站（QQ团购、C2C的拍拍网、B2C的QQ商城、腾讯财付通以及一些腾讯投资的自营电子商务网站等）和网络广告业务（腾讯网及腾讯视频、腾讯微博、QQ音乐及QQ弹窗广告等）。

把QQ用户的流量分发给自己的QQ游戏，成为腾讯兑现自己流量价值的最大手段。从这点来说，在PC互联网时代，腾讯是一家用QQ聊天收集流量，然后把流量分发给QQ游戏的游戏公司。

所以，我们可以看到，在PC互联网时代，流量收集和流量分发，是解决“商家与用户的距离”的真正方式。在网上没有流量的商家，就如深山里的店一样，门可罗雀。几乎所有的互联网巨头，都靠流量收集和流量分发赚到了钱，就像实体经济里的商业地产一样。

在PC互联网时代，盈利公式从原始的“营业额 = 地段、地段，还是地段”，变为了更加精准的公式：

营业额 =流量×转化率×客单价

如果我们倒过来，用“流量”的思维来解释“地段”的概念，就会发现，原来在实体经济中，我们为好的“地段”付出的租金，其实就是按月支付的流量批发费。越好的地段，可预期流量的数量和质量越高而已。

在PC互联网时代，随着沟通效率的提升，衡量商家与用户的距离的刻度，已经从一个模糊的概念“地段”，变为更加精准的概念“流量”。

移动互联网的商业距离：时间

那么，“流量”是不是衡量商家和客户之间距离的终极刻度呢？

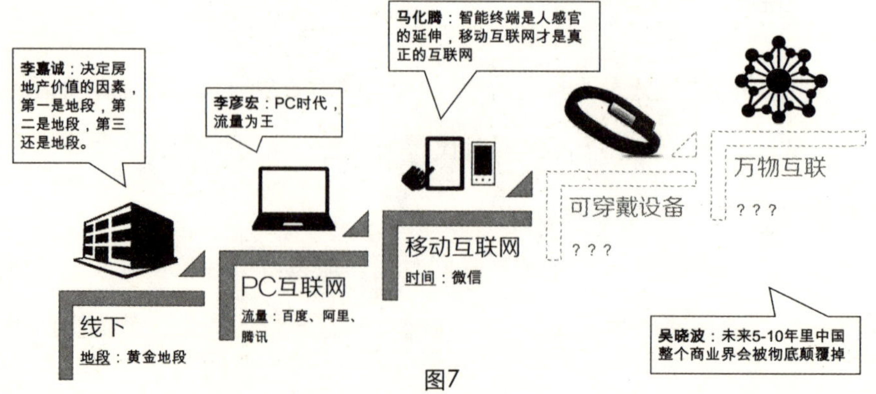

图7

我们说，移动互联网不是PC互联网的延伸，它几乎是一种全新形态的互联网。这种差别的主要原因是，高度可交互的设备（智能手机，以及正在兴起的可穿戴式设备）的出现，模糊了设备和人体器官的边界。从手机到可穿戴式设备，到未来也许会出现的“可植入式设备”，让人与人之间的沟通效率再次极大地提升。

“随时在线”成为现实之后，人们开始关注“流量的宽度”，也就是“时间”。（见图7、图8）

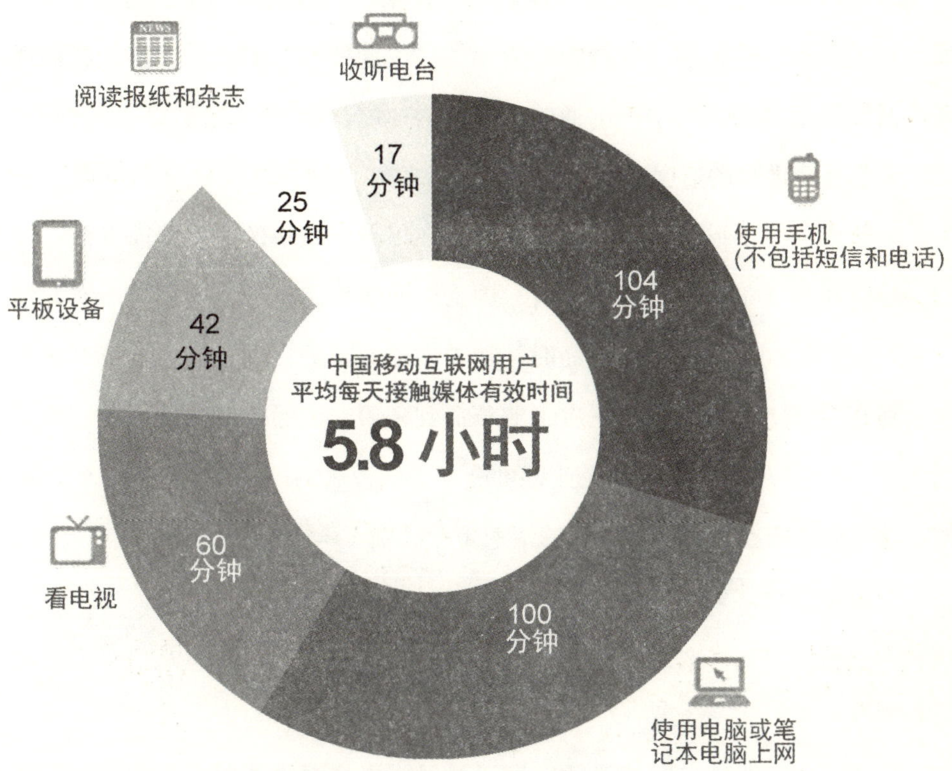

图8　2014中国移动互联网用户行为洞察报告（来源：InMobi）

沟通，发生在我们和“媒体”接触的时间。从这张图我们可以看到，我们平均每天接触媒体的时间如果是5.8小时，其中接触传统媒体（报纸杂志、广播、电视等）的时间加在一起有102分钟，使用PC互联网的时间有100分钟，使用移动互联网的时间有104分钟。

我们以前把PC互联网称为新媒体，从接触时间的角度，发展了20年的新媒体，已经完全可以对抗发展了数百年的传统媒体；如果我们把移动互联网称为“新新媒体”，那么我们必须注意到，刚刚发展了几年的新新媒体的重要性，已经瞬间超过了发展了20年的PC互联网。

如果以100分钟为临界点，传统媒体数百年，PC互联网20年，而移动互联网只用了几年。这张图非常清晰地说明了“沟通效率”提升的速度。我们在前面讨论了信息的文明——沟通效率提升的速度，也就意味着文明发展的速度、人类社会进步的速度。

不管人们愿不愿意接受，整个社会正在以越来越快的速度向前发展，我们会越来越累。第一次工业革命时，因为沟通效率的低下，这世界上有延续数百年的望族；第二次工业革命时，随着沟通效率的提升，社会变革越来越快，百年企业已不多见；第三次工业革命到来后，沟通效率达到了前所未有的快速，3年前还无限风光的企业，可能今天就轰然倒掉，体温还是热的。我们必须学会适应信息文明环境中的快速生存法则。

当流量已经达到“光速”（网站点击，背后是电线和光纤的传输）后，在移动互联网时代，时间——“流量的宽度”，就成了衡量商家与用户距离的新刻度。

让我们用“时间——流量的宽度”的思维再来看一下用户花在移动互联网上的时间分配。

现在每个人平均每天使用微信60分钟，手机QQ34分钟，而花在新浪微博上的时间只有2分46秒。微信、手机QQ和新浪微博同样都能分发用户的流量，但是显然，微信能够分发的“流量宽度”更宽。

在移动互联网时代，利用随身设备，我们从分发流量的时代，进入分发时间的时代。

占据用户60分钟时间，是非常可怕的。这60分钟正好等于用户看电视的时间。也就是说，光是微信这一个产品，从时间分发的角度来看，就足以对抗整个电视产业。腾讯微信用户数已经突破6亿，微信能够占据60分钟，挤占了大量用户的闲散时间，甚至挤占了用户吃饭、睡觉、工作、娱乐的时间。

2000年我在微软时，被安排参加一个中国移动的会议。我清楚地记得，中国移动公布了一个数字，一年移动短信总量10亿条左右。几年后，仅仅是春节那几天的短信，就达到了72亿条。这个数字一直在攀升。微信出来以后，很多人发短信的数量骤降。如果你在用微信，你有没有注意过，自从有了微信之后，你发短信是不是比以前少了？今年的拜年话你是用短信还是用微信发的？

不仅是短信，自从有了微信，我打电话的数量也明显减少，很多沟通都是通过微信里面的语音留言功能完成的。我一个朋友，VeryCD的创始人黄一孟，曾经在微博上发起一个活动：废用手机号码一段时间，看看能不能生活。他发现也活得挺好的。

本质上来说，移动、联通、电信都是“基础电信运营商”，管理的就是地下那些光纤里跑的数字内容。电话（语音）、短信、上网费，其实没有本质区别。电话、短信只不过是光纤里流量的一种包装方式。因为经过包装，加上其特有的定价权，所以获益颇丰。微信的本质，也是对光纤里流量的一种包装方式，比语音、短信更加丰富的是，可以视频通话、传输文件、在朋友圈分享自己的照片、感悟，更重要的是，完全免费！

不管运营商相不相信，“完全免费”这件事情，腾讯并不是冲着他们来的，这只不过是互联网界最基本的游戏规则。最基本的功能免费，以此占据移动互联网的有利地形，然后再从其他地方（游戏、支付、商城等）赚钱。

微信抢到的用户时间的价值是非常惊人的，在合适的商业模式的支持下，将有可能产生巨大的商业价值。有传言说，在微信上的第三方游戏的收入，开发商拿10%，腾讯拿90%。这个数字未经腾讯官方证实，但是已经足以体现“时间分发者”的威力了。

移动互联网时代，随着沟通效率的提升，衡量商家与用户距离的刻度，已经从“地段”变为“流量”，进一步转变为“时间”。移动互联网时代的竞争，就是抢夺与用户交互“时间”的竞争。

传统企业需要深刻理解这种转变。

可穿戴设备时代正在到来

可穿戴设备即直接穿在身上，或是整合到用户的衣服或配饰中的一种便携式设备。相比智能手机，这是能进一步“偷走”用户时间的神兵利器。

谷歌、Facebook、微软和三星等企业都在角逐这个巨大的新兴市场。

2012年4月发布的谷歌眼镜是目前谷歌公司最成功的可穿戴设备，它是一款“拓展现实”的眼镜，具有和智能手机一样的功能，可以通过声音控制拍照、视频通话和辨明方向，以及上网冲浪、处理文字信息和电子邮件等。

谷歌眼镜的技术进步野心是无止境的。

2013年11月，谷歌眼镜发布一系列新功能，包括搜索歌曲、扫描已保存播放列表以及收听高保真音乐等。

美国南加州大学即将在2014年8月开设一门使用谷歌眼镜的课程“Glass Journalism”。学生均被要求佩戴谷歌眼镜上课，作为课程内容的一部分，学生将有机会同应用专家和媒体机构携手开发同新闻编辑、采访行业相关的全新谷歌眼镜应用。课程开设者之一的罗伯特·赫尔南德兹教授表示：“我们的课程并非基于假设或者未来的抽象概念而建立的，我们并没有在高谈阔论新闻编辑行业的未来，而是在重塑这一行业。”

硅谷精英们不会容忍谷歌一统江湖。

2014年3月26日，Facebook突然宣布，将以20亿美元收购虚拟现实头盔Oculus Rift的制作厂商OculusVR。

Oculus Rift虚拟现实设备可以佩戴在头部，作为显示器和控制器来使用。与Oculus Rift相连的PC或安卓设备将进行数据处理，创造一个三维的虚拟现实环境，而用户的头部运动可以触发在虚拟世界中的运动。其第一代产品价格为300美元，发货量达到7.5万台。

Facebook计划将Oculus在游戏领域中的现有优势扩大至新的垂直领域，如通信、媒体和娱乐、教育及其他领域等。Facebook认为虚拟现实技术有机会成为下一代社交和通信平台。

Facebook创始人马克·扎克伯格表示：“移动（互联网）是当前的平台。目前，我们也开始为属于明天的平台做准备。Oculus有机会开发有史以来最具社交性的平台，改变我们工作、游戏和通信的方式。”

在同月举办的旧金山游戏开发者大会上，索尼发布了虚拟现实头戴设备项目Project Morpheus，这将成为Oculus头盔的竞争对手。索尼也认为，虚拟现实技术的未来并不仅仅局限于游戏，未来这一技术可以被用于预订酒店等功能。

从硅谷到北京，每天都有没人听说过的可穿戴设备创业公司冒出来。众多的大中小企业迟早能发明可穿戴设备领域里的“iPhone”“iPad”，它们的普及必将进一步推动传统商业的互联网化。

从某种意义上来说，手机其实就是可穿戴式设备的一种初级阶段。手机随身的程度，已经不亚于任何一种戴在头上、套在手腕上的设备，它只是放在口袋里而已。可穿戴式设备是手机的未来，手机是可穿戴式设备的现在。

万物互联时代初露曙光

所谓“万物互联”，就是将人、流程、数据和事物智能地结合在一起，使得网络连接变得更加相关，更有价值。

科技先驱、3Com公司的创始人罗伯特·梅特卡夫认为，网络的价值与联网用户数的平方成正比。网络的力量大于部分之和，这使得万物互联令人难以置信地强大。

“万物互联”在提升消费者生活质量以及带来更丰富的体验、更多的新功能和更高的经济价值方面，具有出色潜力。

2013年年初，思科进行了有关“万物互联”的潜在经济影响的分析和发布。它们的分析表明，在“万物互联”兴起的背景下，未来10年，全球私营企业将面对亟待挖掘的多达14.4万亿美元的潜在商机，“万物互联”有潜力在未来10年将全球企业利润总计提高约21%。

这么诱人的蛋糕从何而来？思科有什么依据？

思科互联网业务解决方案事业部经济与规划高级总监约瑟夫·布拉德利透露："思科估计，99.4%的物理对象至今尚未连接到互联网。这意味着全球1.5万亿事物中仅有100亿已经连接到互联网。即便如此，我们也已毫无悬念地进入了物联网（IOT）时代。而未来10年，在人员、流程、数据及事物'万物互联'的影响下，互联网的下一轮显著增长即将到来。"

思科集团的CEO钱伯斯表示："我相信，迅速把握'万物互联'优势的企业和行业将得到利润增长的更大份额的回报，这一回报将是以那些观望或不能有效应变的企业和行业的损失为代价的。这正是潜在商机'利益攸关'的原因——这是一场真正的争夺战。"

万物互联时代真正到来之际，就是传统商业全面洗牌之时！

消灭一切基于信息不对称的商业模式

互联网在不断提高效益，消除距离。

所以，在商业领域，信息文明要做的事情，就是用越来越高的沟通效率，逐步消灭或者边缘化一切基于信息不对称的商业模式。商业将全面信息化，这是过去的20年发生的事，而且越来越快。

我们可以通过几个例子看清互联网怎样对以往的信息流做减法，从而彻底改造传统商业。

比如**携程**（一次消灭信息不对称）和**去哪儿**（二次消灭信息不对称）。

创立于1999年、总部设在上海的携程网，做了一件看上去似乎很简单，其实非常不简单的事情，就是把所有航班的剩余机票放在网上销售，让大家几乎能实时地按照不同舱位的余票情况购票，一下子让很多依靠“信息不对称”为盈利模式的“黑中介”的空间被挤压到最小。在没有互联网时，这是几乎不可能做到的；在互联网时代，这可能就是一件“小事”。这件小事，让携程网的员工发展到16000余人，目前公司在16个城市设立分支机构，在南通设有服务联络中心。2010年，携程网完成了中国大陆地区、香港特别行政区和台湾的布局，向超过6000万会员提供全方位的旅行服务，被*Fast Company*（《快速公司》）评为“2010年最具创新力十大中国公司”之一。2011年10月，携程入选《福布斯》“最佳中小上市企业”。在2012中国旅游集团20强排名中，携程网排名第二。

如果说携程网是一次消灭信息不对称，那么去哪儿网就是二次消灭信息不对称。去哪儿网把互联网上出售机票的网站二次聚合起来，提供统一的搜索结果，让用户几乎能做到一秒钟找到某趟航班的全网最低价，完全透明。去哪儿其实就是一个垂直搜索网站，做了一点“小事”，但是这点小事，让上线于2005年5月、公司总部位于北京的去哪儿网成为全球最大的中文旅行平台。根据2013年1月艾瑞监测数据，去哪儿网以7474 万月访问人次高居旅行类网站榜首；移动客户端“去哪儿旅行”更拥有超过3400万的激活用户量。2013年10月，去哪儿网荣获由中国电子商务协会授牌的“中国互联网电子商务首批诚信示范企业”。2013年4月，去哪儿网荣获iResearch Awards金瑞奖“2012—2013年度中国移动互联网旅行应用——最佳创新力奖”。

再比如淘宝（一次消灭信息不对称）和一淘（二次消灭信息不对称）。

淘宝网成立于2003年5月，允许个人或者商家在其网站上开店，售卖各种商品；另外一端，允许用户在一个窗口按照“价格、信用、人气”等标准搜索或者过滤商品。用户一下子就可以在同一个页面上看到同一样商品的不同卖家，任随挑选。截至2011年年底，淘宝网拥有近5亿的注册用户数，每天有超过6000万的访客，同时每天的在线商品数已经超过了8亿件，平均每分钟售出4.8万件商品。根据Alexa的统计，淘宝网是全球浏览量最高的二十个网站之一。淘宝网（C2C）和天猫网（B2C）在2012年前11个月的交易额超过了1万亿人民币。2013年光是“双十一”期间，一天就成交350亿人民币。淘宝用一套极其透明的交易机制，“无条件尊重买家”，消灭信息不对称。因为透明，所以信任，淘宝改变了之前“买家永远没有卖家聪明”的不平衡。

淘宝网一次消灭了信息不对称，一淘网二次消灭了信息不对称。一淘是全面覆盖商品、商家及购物优惠信息的网上购物搜索引擎，由淘宝网于2010年10月推出，2011年6月成为独立业务。一淘旨在为网上消费者打造“一站式的购物引擎”，协助他们做购买决策和更快地找到物美价廉的商品。一淘的搜索结果，除了淘宝、天猫本身外，同时涵盖了亚马逊中国、当当网、国美、一号店、Nike中国及凡客诚品等购物平台。一淘官方称其搜索引擎已收录了超过20万优质网店以及600家B2C网站，有1000万用户在一淘淘吧求购商品、分享经验，为中国最大的购物搜索引擎。也就是说，你在一淘上搜索某样商品，它会告诉你几乎所有主流网站的价格，进一步实现消灭信息不对称。

又比如**美团**（一次消灭信息不对称）和**360团**（二次消灭信息不对称）。

以美团网为代表的团购网站，是一种新兴的电子商务形态，2010年的发展非常迅猛。团购网站携众多用户，在线下和一些商铺谈判“团购价格”，设立最低“成团”数量，销售给用户，为用户争取低价，为商户带去客户。这种模式已经成为很多人买电影票的首选方式，也养成了人们到哪里吃饭，到了门口查一查有没有团购的习惯。

2011年2月23日，奇虎360公司在北京宣布推出360团购开放平台，通过开放应用程序接口（API），符合资质的团购网站可以接入该平台，共享360的用户资源，进一步二次消灭信息不对称。其实360团就是一个团购搜索平台，包括拉手网、满座网、美团、点评网、糯米、24券等国内主流团购网站在内的超过500家团购网站加入了该平台，每日团购的商品总数也已突破2万款，覆盖全国130多个城市。

在某个垂直行业，代替传统企业提供更加透明的产品或服务的，都是在用互联网一次消灭信息不对称，而行业垂直搜索在此基础上，进一步二次消灭信息不对称。两次之后，在那个特殊领域，传统的基于信息不对称的商业模式就会面临极大挑战，变得举步维艰，甚至被消灭。

当然互联网“消灭信息不对称”的功能不仅可应用在商业领域，也可用于公益或者公共服务领域。比如中国稀有血型库。

以往由于信息不对称，人们想要找匹配的血型很困难。位于上海市血液中心的中国稀有血型库建立了网站，解决了特殊血型配对的难题，通过稀有血型筛选项目，提前让特殊血型者登记注册，同时将所有稀有血型的血液以及稀有血型献血者的信息资料都保存起来，以备未来不时之需。同时成立Rh阴性俱乐部，积极鼓励稀有血型者参与互救和自救。

信息流通正在不断走向对称，沟通效率正在飞速提升，互联网正在变得和水、电一样，成为一种商业和经济的基础元素。

随着互联网对距离的消除，一切基于信息不对称的商业模式，或者被信息不对称所制约的商业模式，都将变成传统的商业模式。一切依靠传统商业

模式运转的企业，都将变成“传统企业”。

马云说，很多人看不见，看不起，看不懂，到最后来不及。马云还说，没有传统的企业，只有传统的思维。而我个人认为，传统的思维只有一条：捍卫信息不对称带来的既得利益。

“天下大势，浩浩荡荡，顺之者昌，逆之者亡。”所有的企业（包括，但不限于传统企业），都要审视一下自己，自己的商业模式是不是建立在“距离”上。如果是，那么我们就要进一步审视，这个“距离”，将会被什么样的方式被消除，我们可以用什么样的方式改变。

互联网革命正在踢门，这是一波不可阻挡的趋势，你看见了吗？你准备采取行动了吗？

第三章

一张图看懂传统企业互联网化

所谓互联网化，就是再造三大价值

互联网化来势凶猛，每天都有新闻面世，过多的信息使得我们无从把握其中的精髓，颇有盲人摸象的不安。此时，我们缺乏的是帮助我们看清世界的理论模型。

这个理论模型必须具有高度概括性，同时必须简单明了。

1932年，大科学家爱因斯坦说道：我们在寻求一个能把观察到的事实联结在一起的思想体系，它将具有最大可能的简单性。

在爱因斯坦看来，自然规律的简单性，决定了逻辑的简单性。它要求人们在构建理论的逻辑体系时，要尽可能在不与经验相矛盾的情况下，使概念、公理和公设最少。

本章将逐步展开“互联网加减法”这个非常简单的理论模型，帮助大家更好地理解传统企业面临的挑战到底在哪里，以及如何应对。

同时“互联网加减法”模型还直指不变的商业本质。之前我们说商业一直在变，从抢地段、抢流量到抢时间，从PC互联网、移动互联网到可穿戴设备、万物互联，变化是永不止步的。但商业还有不变的一面，前面讲过了变化的逻辑，接下来我们来讲不变的逻辑。**掌握了变与不变的逻辑，才能洞悉商业的全貌**。

我在福布斯中文网的专栏文章《传统企业，互联网革命在踢门》中提出了“用户价值=创造价值+传递价值”的理论模型。

> 回到商业的本质：有人提供产品或服务，有人使用。因此，简单来说，商业可以简单分为两大环节：创造价值和传递价值。先说传递价值。传递价值可以解构为今天广受认同的三个流：信息流、资金流、物流。互联网首先攻占的，就是通过自身的效率，缩短或者重构传递价值的商业价值链……信息流、资金流和物流本质上大部分是传递价值，而以往这些渠道分走的利润，在今天的效率来说，是过高了。当传递价值被重构之后，互联网将真正地进军传统产业，重构商业的源头：创造价值端。

这个模型被华为收录在其2014年的趋势报告《用趋势赢未来，数字化重构新商业》中：

> 商业过程纷繁复杂，概括起来包括价值创造和价值传递两大环节。在价值传递环节，主要是我们常说的信息流、资金流和物流，而电子商务的蓬勃发展，则打通了物流、信息流和资金流。互联网已经全面渗透并改造了价值传递环节，实现了数字世界和物理世界的融合，减少甚至消灭了中间环节，

重构了商业链条。当前，互联网开始向价值创造环节进行渗透，特别是向产品研发和制造等领域渗透。

这个模型还被张瑞敏收录在海尔2014年集团年会的报告《三个“是什么”》中：

Haier

求索

员工在二维点阵基础上的超利分享表

商业的两大环节：**创造价值 + 传递价值**

传递价值的三个流：**信息流 资金流 物流**

无论在哪个节点都要自己创业创新，
不存在仅是执行的节点

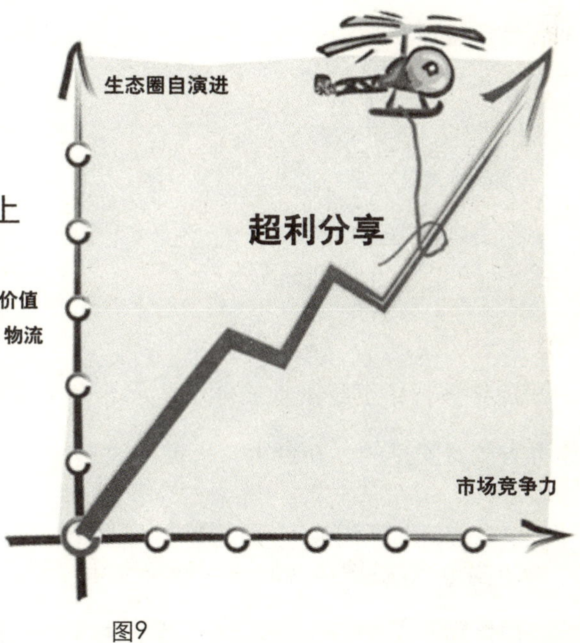

图9

我在这本书里用一张图来详细地解释一下这个“价值模型”：

创造价值		+	传递价值			=	用户价值		
设计	制造		信息流	资金流	物流		功能	体验	个性

图10

我们先忘掉互联网，来思考商业的本质。商业的本质是：有人提供产品或服务，有人使用。所以，太阳底下没有新鲜事，不管发展多少年，沟通效率提升到什么地步，信息文明发展到什么程度，商业的本质永远是“创造用户价值”。

因此，**简单来说，商业的“价值模型”可以简单分为两大环节：创造价值和传递价值。无论在任何时代，价值最终都是要创造出来的，然后经过一些“环节”，传递给用户。**我们用这种简单的“近似”来理解商业的目的，更加容易定位互联网的影响在哪个环节，以便采取不同的对策。

让我们一个一个来看。

传递价值：1亿赌局

2012年央视年度经济人物颁奖，马云和王健林同台领奖。大家都知道这是主办方故意安排的。在台上，王健林说：

> 中国电商，只有马云一家在盈利，而且占了95%以上的份额。他很厉害，但是我不认为电商出来，传统零售渠道就一定会死。

马云回应说：

> 我先告诉所有像王总这样的传统零售一个好消息，电商不可能完全取代零售行业。同时告诉你们一个坏消息，它会基本取代你们。

王健林反击：

> 2022年，10年后，电商在中国零售市场，整个大零售市场的份额，占到50%，我给他1个亿。如果没到呢，他还给我1个亿。

这就是传说中的亿元赌局。到底谁会赢，谁会输呢？他们赌的是大零售，也就是传递价值环节。让我们先来深入解构一下传递价值这个环节本身。

传递价值可以解构为今天广受认同的三个流：信息流、资金流、物流。互联网首先攻占的，就是通过自身的效率，缩短或者重构“传递价值”的商业价值链。过去这些年，谁最先被“解决”了？

第一批被挑战的是传统“信息中介”，比如传统媒体，以及依赖于传统媒体的衍生行业，比如传统广告、传统公关。当信息可以通过互联网和移动互联网随时随地获得时，传统媒体的中心化、时延性的中介价值，迅速贬值。信息中介产业迅速重构，广告行业快速与时俱进。

传统媒体之后，是零售业。

淘宝蓄力10年。10年前，很多人不屑一顾，网上没法试穿，谁会在上面买鞋子、买衣服？10年后，看“双十一”时销售中的服装、鞋子的排名，他们不说话了。2013年阿里销售额能到2万亿人民币，而全国的零售业规模才10多万亿人民币。马云与王健林的亿元豪赌，说网购规模能不能超过零售业50%，虽然今天不能定论，但很多品牌大规模关店、商场人越来越少却是事实。最显眼的是，沃尔玛也开始关店了。王健林的“万达模式”是，以沃尔玛为中心，发展包含餐饮娱乐的商业综合体。沃尔玛不是被淘宝打败，也不是被1号店打败，而是被一种新的业态所革新。这是一个不可抗拒的趋势，沃尔玛也必然要改变。

另一种流通巨鳄是苏宁大卖场。苏宁的盈利模式是，一方面大量开店，获得巨大的用户，另一方面以此获得和供货商的强大谈判优势，获取差价和资金滞留。还记得吗？很多年前，很多电子产品宣布：我们从未授权任何网站出售我们的正版产品。现在来看，那是对线下传统渠道的一种保护，一种挣扎。而眼下，已经很少有人怀疑京东卖的不是正品，京东的价格，也已经变成网络零售价格的标杆，这时也反过来逼迫了苏宁电商化，苏宁开始强调线下必须与线上同价。苏宁正式打响了O2O（Online To Offline）之战。

另一个有趣的反击来自红星美凯龙。2013年“双十一”的时候，一条来自红星美凯龙管理层的微信在网上引发众议。微信内容显示，这位高管要求管理团队禁止线下店与线上电商的旗舰店同步合作。这一趋势的结果是，消费者会把线下店变成陈列店，线下店销售收入因此会减少，红星美凯龙将大大减营收分成。这从根本上打击了红星美凯龙的盈利模式。与之相反，银泰百货在“双十一”的时候鼓励线上线下同价，沈国军早就意识到这是没有办法抗拒的未来。作为马云的好友，他可能早就意识到了，互联网变革迟早会颠覆现有的商业根基。

一切基于信息不对称的行业都将被互联网打击。

第二批被挑战的是资金流。

2013年，互联网集中、沉重地打击了金融业。马云再次打响了第一枪，百度、腾讯随即跟上。身后更是一群互联网饿狼。

首先是存贷业务。银行的盈利模式是存款和贷款利差，阿里巴巴掌握了很多企业的交易数据，这就可以更合理地评估风险，通过蓄势已久的阿里巴巴小微金融，提供小额贷款。另一头，2013年，阿里巴巴决定撕下伪装，用支付宝和余额宝来吸储，向银行正面开战。余额宝出现后，支付宝不再是中间工具，而是变成了资金池。余额宝提供的其实是一种非常普通的金融服务：货币基金。但是，绝大部分普通人只会把钱存在银行，不知道什么是货币基金，他们只知道买了余额宝比活期利率高，买完了还是不知道什么是货币基金，但是却已经完成了个人资本投资。而阿里巴巴则成功地转移了数以千亿的活期存款。

然后是信用卡业务，它的盈利主要来自于刷卡的手续费以及分期付款的利率。现在包括拉卡拉在内的很多第三方支付都在抢食这块蛋糕，阿里巴巴当然也不会坐视。淘宝手机客户端推出一个功能叫“淘点点”。目前很多餐厅都配备Wi-Fi，手机接上Wi-Fi，可以通过淘点点直接点菜，点完菜拍下桌上的二维码，菜品就会直接送来，吃完之后支付宝直接付费。这群互联网“解放军”正在用打土豪分田地的气势一块一块吃掉银行几十年来安享的蛋糕。支付宝正在逐渐把银行架空为一个“管道”。

银行将面临和苏宁一样的境遇，线下网点会从优势迅速变为包袱，银行可能也终将走向O2O，那时网点将变成线下体验店。但是，跨界的“万科社区金融”（为社区居民提供金融服务）已经等在那里了。

第三波是物流的重构。

如果有一天支付宝的交易能够占中国零售份额的50%，也就意味着中国物流相当一部分会由支付宝驱动，这就是马云最具战略前瞻的地方。又是马云，还是马云。马云和沈国军的菜鸟网络目前正在全国各地开物流中心，根据天猫上的数据，可以精准地选取主要物流节点，除了物流，还可以根据各城市的精准需求，开天猫实体店，变成新形态的商业地产。菜鸟物流的愿景如果成功，将有可能会垄断中国的骨干网络，发货的顺序和时间都将达到最优的效率，达成全国任何地方24小时到达的承诺。这就是大数据的威力。如果菜鸟能够做到这点，其他快递公司要么差异化，要么就会沦为最后一公里的物流。

另外一端，易迅网在不断强调自己某些城市的物流速度，京东也在打造“网格物流”，号称能在一些城市做到网上下单10～15分钟内，物品就送达。阿里也入股了海尔的日日顺物流，把大宗商品的物流稳扎稳打地沉淀到三、四线城市。

不管最终的物流竞争形态变成什么样子，必然会产生全国任何地方点对点24小时抵达、某些城市1小时内到达的业界标准，这将进一步刺激信息流和资金流。这三流打通，将会像水一样流畅。

于是，一切基于信息不对称的环节都将逐渐被颠覆，或者被边缘化。

在2013年的央视年度经济人物颁奖典礼上，马云和王健林已经绝口不提这个赌局了。王健林说：“互联网对传统行业的冲击这是趋势，可能今后所有行业都要互联网化，这是趋势，我已经有一个认识，今后所有行业必须互联网化。”他还说，“49%，或者51%已经没有意义。”

我们在后面的章节，还要详细分析这个案例。

接下来我们换一个思路，从平台型企业的角度来理解互联网减法。

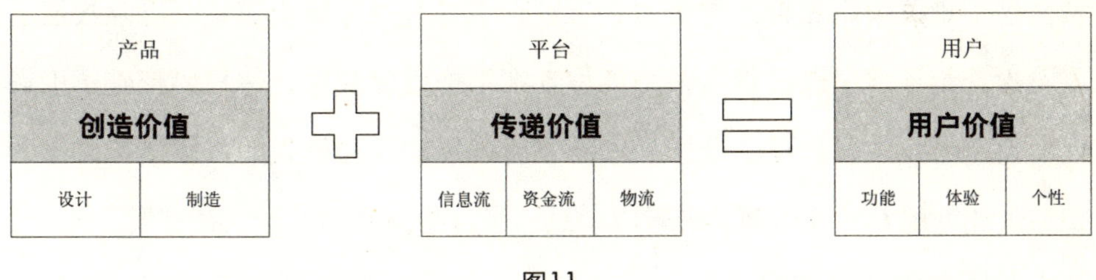

图11

什么是平台型企业？苏宁就是典型的平台型企业，左边有供应商，右边有客户。小一点的企业，比如说婚姻介绍所也是平台型企业，人们到它这里登记信息，它来撮合男方和女方。互联网时代出现了世纪佳缘，它也是婚介所，是个大平台。

平台型的商业模式原来就有，但互联网让这种商业模式一下子变得效率极高，在过去10年发展得非常迅速。它利用极低的成本，获得大批量的用户，然后把用户分发给供应商。

在PC互联网时代中国最大的三家互联网公司，百度、阿里巴巴和腾讯，都是平台型的公司。这三家公司的模式正好各不相同。

腾讯是单边平台公司。对于一个QQ用户来说，只有一个人用是没有任何价值的，两个人用就有价值。当有6亿人在用时，这个网络的价值就不得了了。腾讯没有利用这6亿用户吸引商家，它诱使一些高端用户交会员费，买一些游戏，或是给自己的QQ买一些像样的衣服。这是它赚钱的商业模式，这叫作单边平台。

阿里巴巴是一个双边平台。它左边是买家，右边是卖家。刚开始时阿里巴巴的生存非常困难，因为卖家不多，买家就不愿意来，而买家不多，卖家又不愿意来。所以平台要到达“引爆点”是非常非常困难的，很多想做平台的公司都死在这一点上，就是到不了引爆点，这会导致之前所有的努力白费。这个难关很难靠自己的努力去突破，幸好有一种商业模式叫风险投资。风险投资给了阿里巴巴很多钱，说你现在不挣钱没关系，你只要突破了引爆点就会产生正效应，就会开始挣钱了。所以风险投资最大的贡献是帮助平台型的企业度过上升的周期，突破引爆点。平台型商业的本质就在这里。

百度是典型的三边平台。百度把所有能搜到的网站都索引了一遍，它不向被搜索的网站收钱；它把搜索的内容给了上游的网民，它也不向网民收钱；它在搜索结果的前面和旁边放广告，向广告商收钱，它把用户的注意力卖给了广告商，它甚至可以把广告贴到别人的网站上去，叫作网络广告联盟，获取更大的利益。

今天大的互联网公司几乎都是平台型公司，它们不生产内容，只做平台。跟传统的企业苏宁一样，它们会凭借庞大的用户数量来跟供应商谈判，让供应商不得不答应它们的条件。

我们以淘宝为例。淘宝刚开始是完全不收费的，现在也不收费，但它把淘宝上的一些卖家“赶”到了天猫商城。天猫是收费的，收4%~5%的交易费。这个费用跟商场开店比起来是比较低的，但这不是天猫的主要收入。

天猫上卖iPhone的商家会有成千上万家，当一个消费者在天猫上搜索iPhone这个词的时候，他基本上是找不到你的，你很有可能排在几百、几千页后面。这就相当于你在南极开了一个茶室。你的茶室虽然很漂亮，但却不会有人去光临。你应该想的事情就是怎么用直升机把人从中国运到南极。这时有人开价，说用直升机把人从中国运到南极，你要把收入的40%给我。你愿不愿意？

当然，天猫不是这么开价的。如果你想更快地被人找到，你可以买我的一个东西，叫作“淘宝直通车”，就是在搜索结果右边放一个广告，人们看到广告会点进去看。这个广告多少钱？这是竞价的，因为竞争者众多，这个价格一定会到你能承受的最高价格。

所以，这些平台型企业都是要把用户牢牢地攥在手里，绝对不会放开，然后凭借庞大用户数量再向创造价值的这一端去收费。

理解平台型的商业模式，我们就能明白现在发生的很多事情。例如嘀嘀打车跟快的打车争得这么厉害，就是为了争夺用户。中国30个大城市一年的打车费用大约是600亿，如果全部使用支付宝，光是刷卡的费用就是一大笔收入。这场争斗最大的受害者是交通卡。今天很多平台型企业做的事情，都是想尽了手段，把平台用户数量从存活点拉到引爆点。这个过程无比艰难，所以必须残酷，就会一不小心顺便伤害了你。

今天互联网平台型公司正在凭借自己的效率，简化中间环节，在一家家地消灭传统的低效率的平台型企业，这个过程是不可逆的。

创造价值：10亿赌局

信息流、资金流和物流本质上大部分是传递价值，而以往这些渠道分走的利润，在今天的效率来说，是过高了。当距离被互联网消除后，传递价值这一环节已经被重构，互联网将真正地进军传统产业，重构商业的源头：创造价值端。

在2013年的央视年度经济人物颁奖典礼上，雷军和董明珠同台领奖。央视一定又是故意的。

董明珠开场就指出，小米不是手机业老大，取得了一点成绩，不要忘记那些工厂。语气居高临下，预设观点非常明显：雷军压榨代工厂。后来雷军说董明珠模式有一个问题是库存积压问题。董明珠就说，这才是雷军的问题，卖出去就是自己的，卖不出去就是别人的，只管销售，没有共赢思想。

在我看来，这是一个天大的误解，说明董明珠可能连雷军没有渠道这件事情都不知道。她继续用这个误解，印证她的观点：雷军没有共赢思想。最让雷军吐血的是，王健林在旁边居然补了一句：雷军兄弟要克服，做生意，共赢才是最重要的。雷军百口莫辩。他想说：外包、合作，而不是自己生产，这才是共赢，但是已经没有人听他的了。

公正地说，董明珠设计＋制造，把营销外包，做得好这是共赢；雷军设计＋营销，把制造外包，做得好这也是共赢。

董明珠说，我们都不帮你生产怎么办？雷军说：我们用的是富士康和英业达专业的代工厂。董明珠说，我们提供6年的服务。雷军说，如果我们做空调，提供7年服务……

和一切没有结论的争辩一样，打赌是最好的自信。雷军说：我和董明珠赌1块钱，小米的营业额能在5年之内超过格力。董明珠说，我不和你赌1块钱，要赌就赌10亿！

于是，就有了这个著名的“10亿赌局”。

非常戏剧性的是，在2012年，王健林、马云关于传递价值环节是否会被互联网化，赌了1个亿。2013年同样的场合，关于创造价值环节是否会被互联网化，董明珠、雷军赌了10个亿。

他们的这个赌局有很多不可赌之处。产品形态就不一样，一个做手机，一个做空调。销售额其实没有可比性。但是同样是制造业，对于创造价值端的两大要素的理解：设计，还是制造，倒有一定的可比之处。

雷军的信心主要来自于用户参与的设计。

传递价值环节被互联网逐渐“消除”之后，用户终于可以以某种方式，真正参与商品的创造价值环节。对于创造价值的设计和制造两个要素，最终用户能参与制造的可能性不是很大，所以雷军把它外包给了富士康和英业达，自己牢牢抓住设计这一个要素，并且用设计和用户大量交互，培养用户的参与感。

小米的联合创始人黎万强在他的文章中写道：

我们至关重要的创新是我们真正把手机系统MIUI的发布做成了持续性的活动。MIUI开发版每周五发布，我们把它定义为“橙色星期五”：小米的品牌基调色彩是橙色，每周五下午5点，小米的手机系统MIUI又有升级了。

这个活动已经持续了3年多，它至今依然直接深刻影响、左右着小米产品的设计和完善。

每周开发版发布，MIUI社区的点击数都是几十万、上百万的。我们整个开发的节奏都是在每周发布前一周或者两周，用户会跟我的产品经理、团队一起在论坛上聊，到底我想要什么功能？到底这个功能做得好不好？我们会发起用户投票，用户认可以后我才会放到版本里面去。包括我们在周五更新以后，我们会在下周二让用户来提交四格报告，我来看看上周哪些功能是我认为最开心最喜欢的，哪些是我觉得很糟糕的。

很多次更新内容的用户意见征集，都会有将近10多万用户参与投票，周二我们看上周六哪些功能有问题，哪些功能做得非常好。我们在内部设置“爆米花奖”，根据用户对新功能的投票产生上周做得最好的项目，然后给员工奖励。

我们在小米内部真正完整地建立了一套依靠用户的反馈来改进产品（的机制）。小米没有KPI和考勤制度，工作的驱动并不来源于大项目组业绩，也不是基于老板的个人爱好，都是真真切切地从用户的反馈过来的。

这个过程中，很大程度上已无须我们不断主动引导。很多核心用户自己能够很清楚地知道手机的电话功能是哪位工程师做的，短信某个功能是谁做的，做得好的时候说他真牛逼，做得不好的时候就会说滚蛋。在实际发生之前，很多人可能很难想象用户参与我们的MIUI开发工作会到这种紧密的程度，在这么强烈的参与感驱动下，用户们参与论坛讨论、投票、参加微博转发，这些都成为了用户自然而然的选择。

用户参与设计，让用户参与创造，让用户和工程师一起设计出真正喜欢的产品，是互联网化大潮下，真正的革命。相对于董明珠强调的“拥有核心技术”，“用户参与设计”才是雷军敢和董明珠打10亿之赌的真正底气所在。

所以，放眼未来的话，我认为：

1.购买将可以发生在生产前

定制化，反向购买。一切面对消费者的生产行业都有可能被重构，比如女装厂商、电视、冰箱、房地产等。这里面孕育着巨大的机会。沟通极其顺畅后，购买行为可以发生在生产之前。B2C之后，将是C2B（Customer To Business）。

2. 第三方付费模式将会进一步重构价值链

路由器生产厂商原本单价300元，现在只卖100元，甚至免费，厂商在路由器内置CRM软件，从而可以提供面向消费者的广告。整个产业链被重构。

两年前，中国移动不会想到，打败它的不是联通，不是电信，而是微信。而电视厂商们怎么也想不明白，如何才能生产出一台2999元的超大屏幕电视，还有钱赚？雷军做到了，只不过他的逻辑是，我就按照BOM的价格卖，完全不考虑利润。他赚钱的地方也不在这儿。第三方付费，将席卷很多行业。

反击的电视厂商采取了两种方法：TCL的办法是，与腾讯、爱奇艺合作，生产智能电视。而海尔的办法是反向采购，2013年9月份，海尔在天猫上通过预约订货的方式，完成了惊人的销售额。

3. 品牌将会被重构

很多人曾经持一个观点，“品牌是邪恶的”，对于用户而言，品牌是客户为了信任而付出的额外高成本。对品牌商来说，对应的就是额外高利润。简单来说，很多品牌附加值就是额外的钱买了放心。这背后的根本原因，是信息不对称，额外的钱是为信息不对称所支付的钱。一旦信息不对称被互联网解决之后，就会产生新的品牌，品牌的意义也会发生改变。狙击传统品牌利润，比如淘品牌（淘宝网上产生的品牌）的崛起，就是一个方向。

品牌的内涵，将有可能从基于信息不对称的信任，转变为基于用户参与的情感。

用户价值：终极赌局

我们回顾一下商业史：在人类的历史上，长期处于产品短缺的阶段，生产力不足导致产品为王，生产商拥有话语权。近一百多年来，随着机械化生产和流水线生产的发展，人类进入产品过剩的时代，这个时候渠道就值钱了。因为渠道能摆放的商品是有限的，比如每年出版几十万种书，但书店只能摆放几万种，商场超市也是如此。我们从产品短缺走到了渠道短缺，从创造价值短缺走到了传递价值短缺，于是商业进入了“渠道为王”的时代。这个阶段商业界在拼命研究战略、定位、竞争、渠道、供应链优化，本质上是因为传递价值环节是个瓶颈。

到了互联网时代，我们说互联网对商业做了减法，这是指互联网极大地提升了传递价值环节的效率。因为在互联网几乎没有货架的概念，你摆放十万件商品和摆放一百万件商品是一样的；你也可以通过微博、微信把产品信息传递给用户。

在传递价值环节的效率大幅提升后，“渠道为王”时代的传统商业理论就不重要了，我们从产品短缺、渠道短缺进入了消费者（需求）短缺的新阶段。

现在会有几十个、上百个同类的应用软件摆在消费者面前，消费者可以轻易地下载，不喜欢时还可以随时删掉，所以现在真正短缺的是消费者的需求。所以大家都在研究怎么能让消费者成为自己的粉丝，真正爱上自己的品牌，怎样增强消费者的体验，怎样满足消费者的个性化需求，总之，是围绕消费者做研究。

从最初的“生产为王”，到后来的“渠道为王”，再到现在以“消费者为王”，选择权真正到了消费者手里，我们终于可以说消费者是上帝了。现在不研究消费者需求问题的商业理论都变得不重要了。类似“定位”这样指向消费者的理论，其地位会更加凸显。

满足用户需求，创造用户价值，是一切商业的根本目的。我们可以满足的用户需求，可以简单分为三个层次：功能、体验、个性。

如何根据用户需求，创造真正的用户价值，才是那个终极赌局。

最容易满足的需求，是功能。所谓功能，就是解决了一个问题。比如，冰箱解决了一个食物保鲜的问题，洗衣机解决了一个把衣服洗干净的问题。

然后，就是体验。当电视机基本满足了人们收看电视节目的功能的时候，开始出现各种高清电视、3D电视等，实现更好的观看体验；当手机基本满足了人们打电话的功能后，开始出现了各种彩屏手机、触屏手机、美颜手机等。这都是在基本功能被满足的情况之下，人们的要求变成了更好的体验。

人们更高级的需求，就是个性化的需求。换句话说，就是与众不同。我希望iPad背后能激光雕刻我的格言，希望家里的冰箱能用搭配我的装修的颜色，我甚至希望我的手机根据我的手掌大小定制屏幕长度和宽度。这些需求每个人都不一样。

从功能，到体验，到个性，越往上的需求，越小众。“沟通效率”还不高的时候，满足功能需求，也就是基本需求，是最重要的，也是最容易实现的。随着沟通效率的提升和信息文明的发展，体验、个性的需求将被快速了解，然后被逐步满足。

纵观商业历史，我们满足用户需求的顺序如下：

1. 从“假想用户”的需求出发

任何一个时代，生产者都会明白，产品是用来满足需求的。但问题是，生产者无法接触到真正的用户。所以，他们通常只能揣测用户的需求，或者通过了解周围的小部分用户，假想大部分用户的需求。

2. 从“泛指用户”的需求出发

电话、电视、广播、短信等手段的普及，让准确的用户需求调查成为可能。很多公司在生产之前都懂得要先对市场做调研，了解用户需求。但是，调查的用户未必就是将来的购买用户。调查公司用一套数学方法，推断泛指的用户需求是什么，作为生产的依据。生产者、服务者已经离用户或者“泛指用户”接近了。

3. 从“个体用户”的需求出发

互联网时代的来临，让生产者和服务者接触每一个直接的最终的消费者变为了可能。你了解的这个个体用户的需求，就是将来要购买的真实需求。你不需要通过对他的需求判断，推及别人。你生产一个他想要的东西就好了。每个人想要的都不一样，或大或小，满足“个体用户”需求，是未来的大方向。

随着信息文明的发展，随着互联网对距离的消除，让我们已经从假想用户的功能需求，满足了泛指用户的体验需求，并开始满足个体用户的个性需求。商业的革新，就是对用户需求了解程度的革新，更是对用户价值创造程度的革新。

现在，“颠覆”传统企业的不是互联网，而是互联网里纷繁复杂的全新的话语体系。话语先进，不代表真的先进。让我们返璞归真，回到本源。商业的本质，我认为就是“为用户创造价值”。

最终满足“个体用户的个性需求”，就是这一轮“互联网化”的终极目标。这个目标的实现主要依托于互联网对创造价值环节的改造。

互联网化两大方向：从互联网减法到互联网加法

面对互联网的“踢门”，传统企业其实完全不用恐慌。互联网是电，是石油，是产业变革的基础物资。传统企业需要做的是，打开门，抛弃“捍卫信息不对称带来的商业利益”的传统思维，全面“互联网化”。

易观在2007年提出了“互联网化”的概念，它认为：

互联网会像水电一样成为无所不在的基础设施。互联网化可以是对传统商业流程中某环节的直接替换，也可以是再造商业流程本身，即简化、优化或重构，更可以是创造新的商业流程。但易观认为，互联网注定只是个工具，本身并没有创造新的商业模式。

我想用“互联网化”这四个字，来总结我上面的分析。我把“互联网化”四个字放入“价值模型”，就有了下面这张“传统企业的互联网化”的路径图。

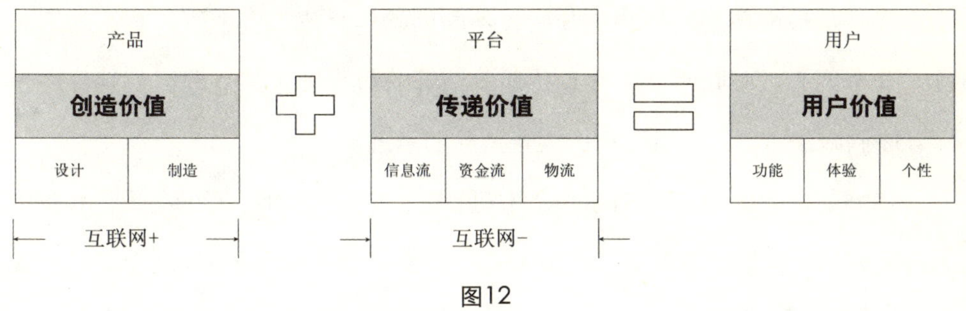

图12

互联网大佬马云喜欢用太极图思考事情，大家也可以用下面这张简略的太极图来记忆互联网化。互联网减法是阴，它减去了传统商业的“阴暗面”；互联网加法是阳，它加入了客户这个“阳光因素”。阴阳一体，再造了用户价值。

图13

从1995年有互联网以来，其实互联网化就已经开始了。这个过程如上面所述，从最简单的信息中介开始，不断消除信息流、资金流、物流的不对称。这个因为“消除距离”导致传递价值环节极大缩短的过程，我们称之为“互联网减法”。“减法”指的就是消除的意思。

1995年，中国一家著名的网站瀛海威诞生了。第二年早春的一天，北京中关村南大门零公里处竖起了一块硕大的广告牌：中国人离信息高速公路还有多远——向北1500米（见图14）。这一天被认为是中国网络业的一个纪念日。从这一天起，“互联网减法”就正式开始了，消除信息流中的不对称，至今近20年。

图14

2003年，中国另一家著名的网站淘宝网诞生了。这一年是不平凡的一年，“非典”在这一年肆虐中国，淘宝网就是在非典最严重的5月份在中国成立的。而同年，电子商务巨头美国eBay在这个时候投资1.8亿美元，接管易趣，实现了进军中国市场的战略目标。淘宝在和eBay易趣的竞争中成长，10年后，已经变成中国最大的电子商务网站，2013年总体营业额2万亿人民币左右，已经占到整个中国零售业的10%左右。而作为淘宝最重要的支撑之一——支付宝，也已经被广大网民所接受。以支付宝为开始的消除资金流的不对称，至今已经10年有余。

2013年5月10日，我作为VIP嘉宾受邀参加淘宝10年暨马云退休晚会，同车与会的还有张维迎、吴鹰、牛文文、王利芬等，感觉就是风清扬武林盟主要西湖洗手、正式退位，各路豪杰八方来拜，感慨颇多。这10年，淘宝在信息流、资金流、物流等“互联网减法”的领域确实做了不少事情：

· 淘宝建立了一套特殊的商业信任体系。我们常抱怨无奸不商，人们缺乏诚信。但是在淘宝上，卖家把诚信看得比什么都重要。这其实是一个非常好的实验，告诉大家：不是人没有信用，而是没有让人有信用的机制。淘宝通过精妙的交易机制设计，帮助中国人彼此信任。人们通过淘宝每天向素不相识的人下2400万个订单，然后再由陌生人把从未亲眼见过的商品交到你手中，就是2400万个信任。

· 社交网络让每个人都可成为媒体，淘宝就让每个人都可成为商人。各地政府真正给小微企业、商人的税收、补贴其实非常有限。但是中国政府通过淘宝，给全体小微企业免了税。这是多么大胆、多么大手笔地对小微企业的扶持！这些企业未来都可能成长为真正的纳税大户，中国经济的支柱。

· 这些年淘宝的订单所带来的快递量，距离上已经可以绕地球几亿圈。就是光，都要跑一年。不是理科生可能很难理解这是什么概念。如果我们让一位快递员乘坐火箭，用第一宇宙速度（可以摆脱地球引力）来送快递，那这枚火箭要飞近四万年，才能把淘宝这十年的快递送完。

而就在马云宣布退休后的第18天，2013年5月28日，阿里巴巴集团、银泰集团联合复星集团、富春集团、顺丰集团、三通一达（申通、圆通、中通、韵达）、宅急送、汇通，以及相关金融机构共同宣布，“中国智能物流骨干网”（简称CSN）项目正式启动，合作各方共同组建的“菜鸟网络科技有限公司”正式成立。马云任董事长，沈国军任首席执行官。

马云这是马不停蹄的节奏。他强调，阿里巴巴集团永远不做快递，菜鸟网络的“智能骨干网”建起来后，不会抢快递公司的生意，“因为我们没有这个能力，中国有很多快递公司做快递做得比我们好，但这张网可能会影响所有快递公司今天的商业模式”。

一张“影响所有快递公司今天的商业模式”的网络正在建设。菜鸟网络计划首期投资人民币1000亿元，希望在5～8年的时间内，努力打造遍布全国的开放式、社会化物流基础设施，建立一张能支撑日均300亿（年度约10万亿）网络零售额的智能骨干网络，目标是“让全中国任何一个地区做到24小时内送货必达”。“互联网-”的进程在物流领域再进一步。

至此，“互联网减法”已经成熟，进入“互联网加法”的时代。

减的目的，在于加。“渠道为王”，就是中间环节隔断企业与用户的最大特征。当把“渠道”，或者说是“传递价值”环节“减”了以后，“一切基于信息不对称的商业模式”都被挑战后，传统企业就终于可以在信息越来越对称的前提下，利用互联网，把用户“加”入设计和制造环节。

作为互联网化的第二阶段，我定义“互联网+”，就是创造价值环节（设计、制造），加入用户的参与。2013年，这个阶段正式到来。传统企业，你们准备好了吗？

传统企业互联网化的三大商业模式

有人说传统企业互联网化要有归零的心态，因为这就是二次创业。所以，有人说，传统企业互联网化的商业模式都比较“2”，比如C2B，O2O，还有P2P（Peer To Peer），中间都有个“2”字。（见图15）

这是个玩笑，但是确实，互联网化带来的商业模式，中间的那个2字，都代表的是被消除的距离。**用户和企业间的距离被消除，于是有了C2B；线上与线下的距离被消除，于是有了O2O；用户与用户间的距离被消除，于是有了P2P。**所以互联网化下的几大商业模式，都有个2字在中间。

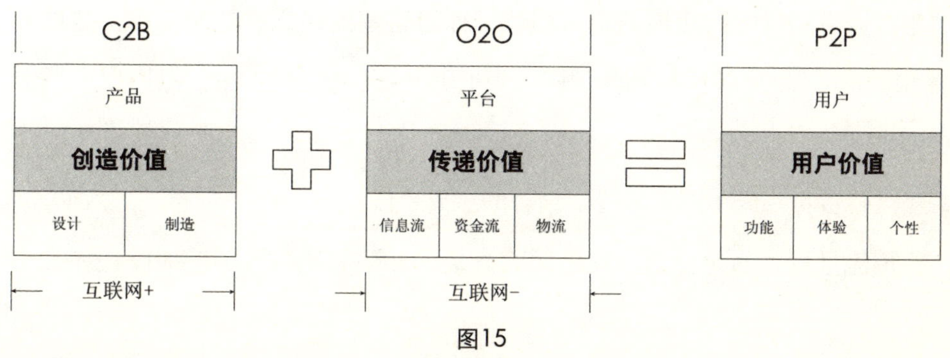

图15

让我们来探讨一下，传统产业的互联网化中的几个典型的二次创业的商业模式。

O2O

2014年3月17日，京东商城在北京正式宣布与上海、北京、广州、温州、东莞、乌鲁木齐、哈尔滨、西安、呼和浩特、石家庄、南宁、太原、哈尔滨、大连等城市的上万家便利店进行O2O合作。

O2O，就是Online To Offline，是指将线下的商务机会与互联网结合，让互联网成为线下交易的前台，这个概念最早来源于美国。严格一点儿来说，我们把用户从线上带到线下叫作O2O，把用户从线下带到线上叫反向O2O。但是现在O2O的概念非常广泛，只要产业链中既可涉及线上，又可涉及线下，就可通称为O2O。

把概念放在一边，O2O，其实是“互联网减法”（网上消除了信息流、资金流、物流障碍）之后，传统零售业“互联网加法”（线下商业如何与网上用户互动）的典型方式。

最早的O2O是团购网站，比如美团网，用“临时促销”的方式，把网上的用户，带到线下的店铺消费。当然，如果这些商铺愿意长期合作，这种促销可以是长久的，比如“维络城”，利用一个优惠券的APP，把用户从网上带到线下。

“打折券”成了网上与线下结合的主要手段。

用流量思维的角度看，就是用“流量”补贴“地段”。差地段，加上一些流量费，就可以变成好地段。从这个意义上来说，网上和线下，因为“商业距离”的统一而统一。本章一开始提出的“商业距离”的概念有了非常现实的意义。

反过来说，对很多原来一直在线下做生意的传统企业来说，线下到网上（反向O2O），更有现实意义。

最典型的例子，就是苏宁了。

苏宁是“渠道为王”最典型的代表，苏宁的张近东也因为掌控了3C产品销售的渠道，而一度成为中国首富。但是，随着京东等3C产品电商平台的崛起，2013年，苏宁面临了前所未有的严峻挑战。

京东作为一个纯粹的网上商城，无假货、配送快的口碑已经深入人心。所以，同样的3C商品，京东价，几乎已经成为了行业的标准价。超过这个价格的网上商城，必须找到充分的理由说服客户，为什么不去京东买。所以苏宁的电商平台（苏宁易购）的价格想要超过京东，非常困难。

这就倒逼苏宁面临一个严峻的问题，如果苏宁易购和苏宁门店的价格不同，苏宁门店的价格高的话，用户总是理性的，即便已经到了苏宁门店，看到了这个一个冰箱，也可能会扫一下商品标签，在苏宁易购或者京东查询到价格。如果网上的价格便宜，他们可能现场就网上下单，然后回家等了，因为就算在现场买，大宗家电也是要单独配送到家的。

苏宁门店可能被迫要选择“线下与网上同价”，而且这个价格是以京东等电商平台的价格为标杆的。可是，门店的成本结构和网站完全不同，瞬间，所有的苏宁门店都从资产，变为了包袱。苏宁必须想办法改变。

有一段时间，有些零售商为了抵抗互联网的踢门，变本加厉地玩“信息不透明的游戏”，要求商家网上、线下提供不同代号的商品，让用户无法比价。但是所有这些“捍卫信息不对称带来的商业利益”的传统思维的顽抗，都是徒劳。信息越来越透明，用户会很快清楚这个手段。

于是苏宁破釜沉舟，选择了“反向O2O”，要求所有的门店的3C产品，必须与网上同款同价。做出这个决定，是需要巨大的勇气的，可是，不这么做又能怎么办呢？门店的成本在“地段”，网站的成本在“流量”。苏宁要想做到反向O2O，关键就是在于如何能把“商业距离”统一起来，让线下获取一次相同客单价的购买的成本，与线上接近。

这对所有线下的零售业，都是一个重要的启示。我们在后面会有专门的章节讨论苏宁的案例，以及典型的电商平台，腾讯、阿里给出的O2O的解决方案。

C2B

C2B，就是Customer to Business，是指从客户的需求出发，到企业的价值创造和传递。这和传统的B2C，形式正好相反。真正的C2B 应该先有消费者需求产生而后有企业生产，即先有消费者提出需求，后有生产企业按需求组织生产。通常情况为消费者根据自身需求定制产品和价格，或主动参与产品设计、生产和定价，产品、价格等彰显了消费者的个性化需求，生产企业进行定制化生产。

其实C2B并不是一个新概念，我在参观海尔文化展的时候，发现海尔很早就提出“先有市场，再有工厂”的理念。但是正如我们在前面章节讨论的，只有在互联网出现，并且从“互联网-”进入“互联网+”的阶段后，C2B，才从满足C的“假想需求”和“泛指需求”出发，进入从满足“个性需求”出发。

还是从互联网化的角度来看，C2B，实际上是“互联网-”消除了中间的“传递价值”环节不必要的损耗，提升了沟通效率后，用户地位真正的彰显。

我们前面举的小米的例子，就是典型的C2B。用户参与产品设计，参与感，是C2B的灵魂。我们再看另外一个例子：打车软件。

我很有幸担任晨兴资本的高级顾问。晨兴资本投资过搜狐、YY语音、迅雷、大黄蜂打车、小米手机等重量级的公司，在业界颇为知名。晨兴资本的董事总经理刘芹也因为主投了小米公司，被凤凰网评为2013年度经济人物。

有一次，我和刘芹讨论一个有关C2B的案子时，他说，你知道大黄蜂打车（后来被快的打车并购）到底解决了一个什么问题吗？

他说：他真正在解决的问题，是站在打车人的角度看这个世界。

这句话很深奥。他进一步解释说，以前我们打车，是从出租车司机（B）的角度看世界。出租车司机开到哪里，在出租车司机视野范围内招手的人，才有可能被服务。而打车软件，是从打车人（C）的角度看这个世界，我站在这里，按一个“我要打车”的按钮，然后以我为中心的附近的出租车都可以来接我。

再举另外一个例子，可以说是初始的C2B模式，团购的升级版。

2013年12月18日，百度百发推出第二只理财产品，号称“团结就有8%”。8%指的是年化收益率。12月18日至20日用户开通百度百发，获取一个“百发码”；20日至22日凭百发码购买，23日对所有用户开放购买。预计这款产品在3～4天内瞬间收集了用户50亿左右的资金。

然后，百度百发背后的嘉实债券基金拿着从用户（C）收集而来的巨款，和银行（B）去谈判。百度百发在其官网写道：

> 100%存银行，银行缺钱向你借30天，1元享受亿万富豪存款待遇，限时限量，先到先得。
>
> 百发后端对接的基金（嘉实1个月理财债券E）本期100%投资于银行协议存款。银行协议存款是机构法人与银行签订约定存款利率、约定期限及金额的存款业务。协议存款最低起存金额一般为人民币3000万元，须一次性存入，一次性支取。我们通过本基金可以集结个人投资者的小额资金，与银行谈判，获取机构才能取得的高利率存款。而且临近年底，各银行存款压力剧增，协议存款都会冲高至年度高点，我们把握时点介入，将有机会获得更高收益。

这就是典型的从C出发，真正地从C的角度看世界，让C作为一个群体，有了更加特殊的待遇。

如何像小米一样让C参与设计，像大黄蜂打车一样从C的视角看世界，像百度百发一样团结C的力量，是传统企业值得思考和学习的地方。这是互联网化消除距离之后，必将前往的目的地。

P2P

P2P也是互联网时代的一个重要发展趋势。

P2P，就是Peer to Peer（伙伴对伙伴）。它帮助我们回到远古时代。最远古时人们进行物与物的交换，由于匹配度问题，后来出现了货币（一般等价物）；又因为找到匹配的交易者比较困难，所以又出现了集市等交易场所；再后来房子先委托给中介，然后中介再去找买家；钱要存入银行，然后银行再去发房贷。交易媒介的发展是一种进步。

但随着互联网技术的发展，人们的沟通效率得到极大的提高，借钱甚至交易不再需要集市和一般等价物，我们把这叫作去媒化。去媒化必然导致P2P，P2P必然会促进去媒化的发展。

以借贷为例，P2P借贷主要是指个人通过第三方平台在收取一定费用的前提下向其他个人提供小额借贷的金融模式。客户对象主要有两方面：一是将资金借出的客户，另一个是需要贷款的客户。随着互联网技术的快速发展和普及，P2P小额借贷逐渐由单一的线下模式，转变为线下线上并行，随之产生的就是P2P网络借贷平台。

中国最早的P2P借贷的网站，成立于2006年，叫作拍拍贷。在拍拍贷上，一个借款人（P）可以提出借款，出示自己尽可能多的资料，获得出资人的信任，开出一个愿意承担的利息，就等着出资人选择；而另外一头，很多出资人（P）可以根据这些材料（对应背后隐藏的信用等级）决定是否把钱借给他/她。如果有足够多的出资人出了足够多的钱，那么这次借贷行为就发生了。

拍拍贷的创始人叫作顾少丰，是当时我在微软同一个部门的老同事。今天拍拍贷的CEO叫作张俊，也是我在微软的老同事。顾少丰成立拍拍贷的时候，专门来问过我的意见。这是中国第一个P2P的借贷平台，我认真地看完后，给他提了一个“貌似专业”的意见：

> 我是个商务人士，所处的是传统行业——软件业……你提到的商业模式听起来不像是“模式”，而更像是概念研究。在我看来，商业模式是寻找技术内在的价值，也就是人们真正愿意为之付钱的东西，然后把它卖出去。当你能以有利可图的价格把它卖出去的时候，这就是一种成功的商业模式。或者说，你需要不断寻找更好的商业模式。“印钞”不是一种商业模式。实际上，那些人印出来的钞票并不归自己所有。

我当时觉得，没有金融媒介，比如担保公司的参与，这件事情不靠谱吧？

在拍拍贷估值600万元人民币的时候，我被创始人顾少丰特别邀请成为股东，我因为“看不懂”，所以没有参加。2012年10月，拍拍贷拿到了红杉资本的投资。有人说可靠的注资规模在2500万美元。2014年4月，拍拍贷又拿到了第二轮融资。我因为看不懂，而错失了一次至少翻几十倍回报的投资机会。

我因为看不懂P2P的“去媒化”而错失的投资良机，是我自己的教训，也是所有传统企业的课程。因为信息的极度透明，在某些特殊的领域，去媒化已经变为可能，这直接导致的结果，就是用户与用户自己的交易。P2P将是一场革命。

在这一章中，我们讨论了商业“价值模型”（用户价值=创造价值＋传递价值），了解了互联网化对传统企业的两大影响：从第一阶段的互联网减法，到第二阶段的互联网加法，并浅析了其带来的集中典型的互联网化商业模式：O2O、C2B以及P2P。

传统企业需要了解这些互联网化的变化、影响、阶段、模式后，才能找到自己的定位，找到自己的互联网化之道。

第四章

“互联网四大名著”的“+”“-”法

在这一章，我将用“互联网四大名著”的思路，先帮助大家认清大的行业形势，再做好在思维模式、商业模式、管理模式上进行变革的准备。

行业形势：创新者的窘境——完美的管理导致大企业走向失败

我们再次强调，互联网带来的最大的影响，是消除距离、提升效率，是一次沟通效率革命性的解放。互联网本身不会发明一台冰箱，但是互联网可以用商业模式颠覆的方式，让人类不再需要冰箱。

这就是技术创新和商业模式创新的区别。

技术创新，其本质是发现一种新形态的价值。而商业模式创新，是为这种价值在现有的生态系统中，找到一种新的价值交换规则，从而为这种新价值赋予合理的商业价格。没有商业模式（价值交换规则）的价值，就没有价格。没有价格，就无法流通。无法流通，就不能兑现价值。

谷歌的搜索技术，是一项突破性的技术创新，它通过索引整个互联网，来帮助网民通过关键字搜索到网站和信息。这项技术开始时没有人看好它的前景。直到有一天，谷歌一位商业天才发明了上下文相关广告。这种广告的商业模式，让广告主可以根据用户搜索、查看的内容来精准地投放广告，一定程度上可以做到“按效果付费”。谷歌把搜索结果带来的注意力，在广告上变现，成为最成功的互联网公司之一。

我们从来都不是用新技术去颠覆老科技，而是用新技术带来的新商业模式，去颠覆老的商业模式，以及人类的传统生活方式。

我们要清晰地看到，今天传统企业所面临的来自互联网的颠覆，主要是来自商业模式创新的颠覆。这些以“免费”为代表的商业模式的创新，就是要为原来的价值重新贴上不同的价格标签，重构价值链。

让我们以微软为例。

2013年8月23日，微软CEO史蒂夫·鲍尔默宣布将在未来12个月内退休。微软股价随即暴涨。

如果是你，受全球最伟大的企业家之一比尔·盖茨托孤，掌舵微软，然后发誓“鞠躬尽瘁，死而后已”，以“青山处处埋忠骨，一腔热血洒高原”的激情，发誓要把微软带回最顶峰时代，没承想，屡战屡败，屡败屡战，股价一直微微有点儿软；如果是你，作为全球最知名的CEO之一，终于决定挂印封金，弃甲归田，把失地交给后人去攻打，公司股票却跟打了鸡血一样，收盘前暴涨8％，你会作何感想？

我想，老鲍写完引退公开信，坐在电脑前，看着微软市值因为自己离开而暴涨的200亿美元，心里一定在想：难道，我这十几年做的最正确的事情，就是什么都不做，转身离开？我这十几年的努力，最有用的，原来是这一封信！这个讽刺，太无情了一些，让人于心不忍。

如果仅仅从销售业绩、利润指标来看，鲍尔默有点儿冤，他执掌期间，微软业绩其实并不差。我在微软的近14年，公司的营业收入（revenue）几乎每年都以两位数字的速度增长，微软的净利润率（net profit margin）至今高于苹果和谷歌。

这个故事是这样的。

感谢早期的探险者比尔·盖茨，包括鲍尔默，发现一座“金银岛”，并找到了Windows和Office这两座世界上最大的金矿和银矿，垄断了几乎全世界的金银供应。从2000年开始接任岛主的鲍尔默，不但继续开采着宝藏，还成功地击退了几乎所有的虎视眈眈者，让全岛的人过着幸福的生活。微软至今仍然是全世界疯狂的印钞机之一。

但是，人们渐渐发现，金山银山，也有吃光用光的一天。同时，左边有另一座原来不知名的小岛，叫谷歌，那里的人居然开出一座闻所未闻，叫作“网络广告”的新矿，一夜暴富；右边一座曾经辉煌但早已废弃的旧岛，叫苹果，也再次发现一座产量巨大的“移动设备”矿，重振旗鼓。金银岛矿产日益枯竭，人们对金银的兴趣也逐渐下降。所有人把目光转向鲍尔默：你是岛主，请带领微软，找到一座产量不比金银岛小，能赚更多钱的新矿吧！我们不但要采旧矿，更要开新矿。

可是这谈何容易？《创新者的窘境》（*The Innovator's Dilemma*）给大企

业归纳了一个“失败框架”：

（1）你很难通过改善“延续性技术”打败大企业，只有“破坏性技术”才能通过截然不同的价值主张，颠覆自身的商业模式根基；（2）延续性技术一定会发展到“过度满足”市场的需求，从而饱和，发展停滞；（3）但是同时，“破坏性技术”初期并不“诱人”，价格便宜、利润率低，也不被大企业的主要客户接受，所以很难被大企业投资。

所以，大企业的失败，几乎是注定的，这是自然规律。失败未必会消亡，可能会偏隅一角，如手表的奢侈品化，胶卷的发烧友化，纸媒的小众化。没有一个公司的领导者可以以一己之力捍卫整个即将被颠覆的行业。成功的领导者，一定是带领公司离开这个行业，寻找新的宝藏。哪里才有新的、足够大的宝藏，这对大企业领导者来说，无异于一场赌博。IBM赌对了，新生为第二个IBM；苹果赌对了，新生为第二个苹果。微软，至今还是最一开始那个微软。

所以，鲍尔默并没有“导致”微软失败，鲍尔默是在不断尝试拯救“微软一代”于自然规律定义的必然失败，但是尚未成功。

顺着这条脉络，我们再来看看微软这些年的发展。

鲍尔默第一次试着让微软重生是在刚掌印没多久时，2000年左右，宣布微软不再是一家软件公司，将要成为一家服务公司。鲍尔默把软件时代的公司使命“让每个人的桌面上都有一台电脑”改为服务时代的“让全世界的人和企业都充分认识到自己的潜力”。鲍尔默没有赌对，至少从股价上看是这样。投资人的抱怨开始增多。于是，2012年，鲍尔默再次修改公司的使命为“为每个人，每台设备，每种业务，提供不间断的云服务”，宣布公司进入“设备+服务”时代，并开始不断重组，调整公司的资源配置。

这次，鲍尔默赌对了吗？

现在还不到盖棺定论的时候，但是显然有些人失去了耐心。外界呼吁鲍尔默下台的声音越来越大，不少人认为鲍尔默赌性很强，但总下错注。甚至在一些内部会议上，微软员工也开始公开提问：请问您打算什么时候离开微软？有次我在现场，认真地观察着他的表情。我觉得他突然有点儿像孩子一样害羞起来，说：你知道，我没有什么爱好，我唯一的爱好，就是工作。除了工作，我不知道干什么好。所以，我不会离开，我会一直在微软工作下去，我爱我的工作。

没想到，几个月后，鲍尔默宣布即将离职。我脑海中只有四个字：愿赌服输。

鲍尔默做错了什么？他没有赌对下一个"破坏性技术"。一代枭雄，只论胜负，上一轮押错了，所以现在必须离场。不过在走之前，他对第二轮重组还是非常有信心，并在离职邮件里不断重复其正确性，希望未来领导人可以遵守。这次，鲍尔默真的会赌对吗？这只能留给下一任CEO去判断了。

现在，作为一名在微软工作了近14年的退伍老兵，我唯有祝愿微软有更好的发展，也祝福鲍尔默退休以后，可以找到工作以外的新乐趣。

正如《创新者的窘境》里说：

> 就算经营最好的公司，尽管他们十分注意顾客需求和不断开发新技术，但都可能被破坏性创新所影响而导致失败，而覆灭的种子恰好是在领先企业全盛时埋下的。企业把自己的优点极大化后，没留余地让自己冒险。就是说他们仍然在追求"正确地做事"，而全然未意识到——它做的事可能已不正确了！最后在遇到破坏性技术变革和市场结构变化时，都成为

一百分的输家。

所以，传统企业互联网化变革要做的第一件事情，就是愿意发自心底地承认，可能正是原来那些让我获得成功的优势，包括引以为豪的企业文化、无懈可击的商业模式、一路血战的兄弟团队，正在让我变成导致自身无法转型的阻碍因素！

这是多么让人难以接受，也是多么痛的领悟。在这里，我给大家推荐一本书，建议每一个希望转型的传统企业都能认真阅读《创新者的窘境》。

思维模式：长尾理论——对80/20定律的彻底叛逆

“互联网思维”是今天非常火的一个词，很多人都有自己的定义和解释，并且吵得不可开交。很多人都喜欢用“其实，互联网的本质是……其他都是忽悠！”这样的句式表达自己的观点。这足以证明，这个被神话的词，是多么地诱人。看了那么多观点，那么多关于“互联网思维”的定义后，我的感觉是：你需要什么，神奇的互联网思维就是什么。

我不解释什么是互联网思维。我们反过来谈谈，什么是传统思维。我在前面的章节提到，我认为，传统的思维只有一个：捍卫基于信息不对称的既得利益。

在传统的思维中，不少的利益是来自于：你不知道！

比如很多人并不知道，一双在商场里售价1500元的名牌徒步鞋，成本可能不到150元。就算你知道了这个价差，你不知道一双号称300元的正品鞋是不是真的；就算你知道300元是能买到正品的，你也不知道从谁那里能买到。

传统企业以故意制造信息不对称为重要盈利手段。比如，在不同的销售区域，同样的徒步鞋，货号不同，使得消费者无法比价，以达到在消费能力强的地方售价更高的目的。

当然，我们并不是说，传统的商业渠道没有价值。传统的商业渠道，填补了这个信息不对称，承担了预先检验货品真伪的责任、把货品摆设到商场供你挑选的工作、垫付款项给厂家的责任、承担退换货等售后服务的责任等。因此，传统渠道，也因此获取了相对于货品成本价数倍的收入。

这些收入，并不完全等于利润。我们批评传统渠道暴利也是不对的。在那样的效率下，成本很高，其实，很多渠道商并没有赚到很多钱。消费者以5倍于成本的价格买到货品，而大部分商人却都没有赚到可观利润，这是整个社会的效率损失。

互联网让沟通效率获得了极大的提升后，一双成本150元的鞋，怎么算，卖500元都有赚的时候，而商场怎么算，卖500元都要赔的时候，变革就开始了。你去抗拒，从大趋势来说，是毫无用处的。

所以，我们首先要转变的是思维模式。转型，就是要正视互联网减法，逐步放弃原来基于信息不对称的既得利益，利用对行业的洞察，在新的信息效率下，寻找新的价值主张。

为了建立互联网的思维模式，我向大家推荐第二本书：《长尾理论》。这本书，可以说是互联网思维的奠基之作。

我们可以把长尾理论浓缩为简单的一句话：我们的文化和经济重心正在加速转移，从需求曲线头部的少数大热门（主流产品和市场）转向需求曲线尾部的大量利基（Niche）产品和市场。在一个没有货架空间的限制和其他供

应瓶颈的时代，面向特定小群体的产品和服务可以和主流热点具有同样的经济吸引力。

比如，运营商提供的短信服务就是一种典型的长尾应用，他不是面向10个最有钱的人，每人收100万，而是面向100万人，每人收0.1元。在发短信的易用性、业务的可管理性到达了一定程度后，“赚全中国每人1元钱，就赚了13亿”这种事情变为可能。

在互联网时代，这样的例子比比皆是，比如盛大游戏。盛大早期有一款游戏叫作《传奇》。当时盛大还在卖游戏点卡，玩一小时游戏0.29元，这价格并不高。但是据说这款游戏同时平均在线玩家有100万人，算下来人均成本只有0.05元。也就是说，一天24小时，盛大就能从这款游戏上赚600万。

所以在很长一段时间，互联网公司的创业模式，一下子全都变成了借助资本的力量，在早期用各种方法聚集大量活跃用户，不求盈利，甚至不求有收入，因为大家相信，只要掌握了用户，就一定有商业模式。

在互联网时代之前，我们坚信20/80理论，就是20%的产品，创造了80%的利润。但是在互联网上，因为“传递价值”的环节的大解放，现实世界的货架有限性到互联网世界货架的无限性的大解放，导致真正热销的，不再仅仅是大热门。在互联网的世界中，不是20%的大热门产品统治世界，相反，而是每个品种卖得都不多，但是加在一起就是巨量的长尾，统治这个世界。有数据显示，在互联网上，有98%的音乐，至少被购买过一次，平台大量的收益，来自尾端。

因为互联网对信息流做了减法，我们能够用非常高的效率获取大量的“长尾用户”。下面的问题就是，如何在这巨大的用户技术上，找到商业模式。

商业模式：免费——羊毛出在猪身上

“免费”，似乎已经成为了互联网上的基本形态，也是互联网对传统企业最有颠覆力的地方。

趋势科技、瑞星等杀毒软件公司原来都是靠卖盒装杀毒软件赚钱的。后来它们自己革了自己的命，把杀毒软件免费，然后通过收每个月的病毒库更新赚钱。这个转型很成功。可是后面来了一个疯子叫“奇虎360”，它说：我不但杀毒软件免费，我更新病毒库也免费！这让很多杀毒软件厂商想不明白，360靠什么生存！

前面讲到的盛大《传奇》游戏，赚得盆满钵满。可是后面来了一个疯子叫“巨人”，说我的游戏《征途》免费玩！不但不收0.29元/小时的费用，你还可以在游戏里面打工赚钱！

微软的Hotmail邮箱、163邮箱、新浪邮箱的高端版本，原来都是要收费的，而且其容量在今天来看很小，只有几十兆。后面来了一个疯子，叫作谷歌，宣布我提供1GB（相当于1000MB）的邮箱，而且还免费！

微软提供的云服务只有7GB的空间，超过要收费。后面来了一个疯子，叫百度：我提供3TB（相当于3000GB）的空间，还免费！疯子后面还有疯子，腾讯说：我也免费，10TB！

券商经济行业，一直是靠交易费赚钱的，这个交易费是多少，不同券商、不同地区、针对不同客户都不一样。腾讯国金发布“佣金宝”，把最高千分之三的股票交易费，降到令人震撼的万分之二，几乎等于免费，并让保证金享受货币基金收益，掀起转户潮。

在互联网上，“免费”让人看得眼花缭乱。以至于以前创业公司寻找投资，需要回答VC的问题：腾讯也做你怎么办？变成了：有个傻子做个免费的你怎么办？雷军说：互联网行业从来不打价格战，它们一上来就免费。传统企业向互联网转型，必须要深刻理解这个“免费”背后的商业逻辑的精髓到底是什么。

其实，天下没有免费的午餐。所谓的“免费”，只不过是在你收费的地方我免费，因为我能通过别的地方赚钱。也许赚的还是你的钱，也许赚的是别的用户的钱，也许赚的是广告商或者其他人的钱。

著名畅销书《免费》仔细描述了这种在互联网上，因为效率提升，边际成本下降，而被发扬光大的商业模式——互联网减法时代的新商业模式。免费无外乎几种方式：

直接交叉补贴：用付费商品来补贴免费商品。比如前文举的杀毒软件的例子，杀毒软件免费，但是每月的病毒更新库收费。比如使用QQ免费，但是通过QQ游戏等想办法向客户收费。在传统行业，这种办法也常常被使用，比如剃须刀架免费（或者很便宜），通过卖刀片赚钱。

三方市场：由第三方来支付用户的使用费。典型的例子是谷歌，用户搜索并不付费，但是谷歌把用户的“兴趣点”卖给了广告商，由广告商来付费。用户要接受网页上出现的上下文相关广告。在传统行业，这种办法也常常被使用，比如电视台广告。

免费加收费：一部分人付费，一部分人不收费。还是比如QQ，大部分用户是免费的，但是如果你想享受特权，可以成为VIP用户，这部分用户的费用补贴了免费用户。再比如说巨人的游戏《征途》，大部分人免费在玩，但是总有一部分人希望自己的能力超强，忍受不了慢慢升级，就会花钱买很多道具。

因为互联网导致的边际成本接近于零的事实，企业可以把一些基础服务在几乎没有成本的前提下“免费”，然后在这三种“免费”模型中，找到自己的盈利渠道。

本书最一开始提到了《三体》中的“降维打击”。降维打击，其实就是商业模式的打击，就是重构价值模型，把你收费的地方免费，我另外找地方收费的竞争方式。微信的免费，相对于短信的打击，小米电视的免费（BOM价格），相对于传统家电厂商的打击，都是如此。

我曾经总结过一个简单的“互联网创业”的行业方向：（1）找一个利润高到你恨的行业；（2）这个行业赚的是基于信息不对称的钱；（3）不涉及国家垄断的战略资源。

作为传统企业，要反观自己的是：（1）我们这个行业的利润高不高？（2）我们赚每一个用户的钱的边际成本是不是不高？（3）我们的行业是不是一个完全市场化的行业？

如果回答都是“是”，那么，在等着互联网公司杀进来之前，我们自己先要坐下来好好研究推演，怎么用“免费”的方式，颠覆自己的行业。在这方面，一些传统大公司已经开始做了，我帮助包括海尔这样的巨型传统企业，专门做了“颠覆推演”。

管理模式：精益创业——速度比质量更重要

我们正处在一个空前的全球创业兴盛时代，但无数创业公司都黯然收场，以失败告终。对于新创企业，传统的管理思维并不适用。所以新一代的创业者需要找到建立成功企业的新思路。《精益创业》这本书归纳了新创企业以惨败告终的情况比比皆是的原因：

第一个原因在于，好的计划、可靠的战略和深入的市场分析造成的诱惑。在早期，这些都是衡量成功可能性的指标。把它们也套入创业企业中去的想法令人难以抗拒，但是此路不通。因为新企业的运营当中包含了太多不确定性。企业还不知道谁是自己的顾客，自身的产品应该是什么。

第二个原因在于，当目睹运用传统管理方式无法摆脱困境后，一些创业者和投资人干脆撒手不管，回到“想做就做”、跟着感觉走的状态。

保罗·格雷厄姆曾在《黑客与画家》中提出，产品开发有两种模式：

一种是圣母玛利亚模式，企业内部团队封闭开发，花N年时间，努力把所有可能性都想到，然后召开发布会，隆重登场，就像圣母驾着祥云而来；另一种是互联网企业中常见的迭代开发模式，即先推出一个用户最需要的功能，然后根据用户反馈不断完善。

后者是以用户需求为中心的互联网思维的体现，是互联网加法的具体操作方法。

一句话总结《精益创业》：先在市场中投入一个极简的原型产品，然后通过不断的学习和有价值的用户反馈，对产品进行快速迭代优化，以期适应市场。

我们有时简单称之为小步快跑。

要多快算是快？花3年时间研究一个产品，推向市场，听到反馈，半年后开发一个新版本，又过半年再推出第二版显然已经太慢了。小米手机的操作系统是每周都发布一个新版本。不只是小米，如果你手机里装的APP比较多，是不是几乎每天都有软件提示要更新了？按周发布产品更新，几乎已经成了手机产品的标准动作。

企业发展多快叫作快？小米用4年时间从0做到316亿的销售额算不算快？雷军说：

我就是坚信"天下武功唯快不破"。我觉得在互联网的今天，我们小米用了4年时间才做到今天这样的规模，确实太慢了，我每天都在焦虑，我们可不可以更快一点儿。互联网真的把速度看得非常重要，所以，怎么在确保安全的情况下提速是所有互联网企业最关键的问题。有时候，快就是一种力量，你快了以后能掩盖很多问题，企业在快速发展的时候往往风险是最小的，当你速度一慢下来，所有的问题都暴露出来了。

所以雷军说：把自己逼疯、把对手逼死。这些互联网公司努力得连命都不要了。这么聪明的一群人，如此拼命，干了4年的苦活累活（雷军每天只睡四五个钟头），你除了比他们更拼命，别无他法。

那么，互联网企业常用的组织和产品开发的方法论，适不适合传统企业呢？我们认为，对于有志互联网化的传统企业，是必须了解，并结合使用的。互联网公司并不是因为在互联网行业，就能够轻轻松松所向无敌。互联网行业的竞争其实比很多传统行业更加残酷。在这个赢家通吃的行业，要求必须有更加有效的管理方法，比99%的同行更加努力，更加快，才有1%的机会活下去，而精益创业提出的“最小可用品”“客户反馈”“快速迭代”，则是很多互联网公司的法宝。

所以，如何能和互联网公司一样快，是传统企业要研究的课题。

我分享一些我很认同的《精益创业》中的一些观点，供想做互联网加法的企业参考：

“产品”的定义：它包含了把普通人转变为顾客的所有价值来源。顾客在和企业的互动中体验到的任何事或物，都应该被认定为公司的产品。

精益的思维方式把价值定义为“向顾客提供利益”，除此之外的任何东西都是浪费。

我们要做的是集中精力，尽量把反馈循环流程的总时间缩减到最短。

不管在企业和顾客之间有多少中介物，最终端的顾客才是会呼吸、会思考、会做出购买决定的个体。

如果我们不知道谁是顾客，我们也不知道什么是质量。

一家成功的新创企业迟早要直面快速跟进者的竞争。先发优势几乎起不了太大的作用。而避开消费者的那种秘密开发状态所争取的时间，也几乎不可能带来起步优势。唯一的取胜之道是比任何人学得更快。

创业活动中只有5%用于构想大创意、商业模式、进行书面策划以及分配胜利果实。剩余的95%都是用创新核算来衡量的艰苦工作：诸如决定产品优先排序、确定瞄准或倾听哪些顾客，以及有勇气把伟大的理想投入不断的测试和反馈中去。

新创企业的生命线：速度与灵活

一家新创企业成功快速增长的优势在于即便企业逐步走向成熟，还能保留其创业基因。今天的企业必须学会掌握持续式创新和颠覆式创新共存的组合管理。

不管是新创企业还是企业内部的新创团队，都要具备三种架构特征：稀少但稳定的资源，开发业务的独立权，以及与绩效挂钩的个人利益。

第五章

正在发生的“互联网加法”与“互联网减法”

本章在中国的互联网化浪潮中，依次选取了两个产品竞争案例，三个平台型企业竞争案例以及两个社会化营销案例。这些案例大家可能都有所耳闻，但未必深入思考过其中的道理，希望本章的分析能给大家带来多方面的启迪。

你赌雷军，还是董明珠？

2013年的央视年度经济人物颁奖的时候，新晋中国首富王健林和退而不休的马云联合为雷军和董明珠颁奖。

雷军和董明珠，一个缔造了百亿美元小米科技的奇迹，一个带领格力电器实现了销售额过千亿的传奇。董明珠和雷军在舞台上设了一场“10亿赌局”：5年后小米科技营业额能否超过格力电器。

这是一个传统制造型企业和互联网企业之间的赌局。在讨论这个赌局之前，我要先纠正董明珠对雷军的几个误解：

除了第三章分析过的雷军不懂共赢的误解，人们普遍还存在一个误解：小米只会营销。

主持人说雷军的模式是“营销就是生产力”的时候，雷军抢过话筒，他说今天造成了一个巨大的误解，我们其实最注重的是产品，因为好产品本身就是营销，我们自己很少做营销。但是马云、王健林、董明珠，包括陈伟鸿，颁奖式上不断往雷军身上贴的这个“只会营销”的标签，估计他是拿不掉了。不过，这怪不了别人，要怪就怪自己，无意或者有意让满世界都是小米授权或者没授权的各种营销课程：《小米的秘密：自媒体营销的真相》《小米的粉丝营销之谜》《小米：玩转体验式营销》，等等。**我知道，如果给雷军15分钟，他一定会说，我们的经验是：（1）不断根据用户反馈而迭代的MIUI是一切的核心；（2）用最棒的硬件，卖中等的价格；（3）用互联网的模式销售，贴近用户。**我真心认同雷军的观点，但是，小米自己这几年默许的“营销”标签，今天反噬品牌价值，也许首先要自己反省。

第一次获奖的新贵雷军被高高捧起：一年间销售额破300亿人民币，在天猫和微信两次展现实力，从电视到路由器不断扩张品类。小米科技这家消费电子企业的耀眼成绩几乎衍生出了一套成功学教程：“小米式营销”和“雷军方法论”，引得从餐饮到汽车的传统企业前赴后继拥抱“互联网思维”。

雷军总结小米的成功依靠三点：第一，轻资产，它没有工厂，可以用世界上最好的工厂；第二，采用电商直销模式，没有渠道成本；第三，加大投入研发和用户沟通。“用互联网的基因重新做消费电子的时代已经开始了，

小米就是这个方向的典型代表。”

也就是说，小米同时利用了互联网减法和加法，形成了全新的商业模式。

董明珠反唇相讥——格力电器的传统制造业模式几乎和小米完全相反：厂房遍布南中国，海外设厂。格力投入巨资研发新产品，将产品制造看作格力的关键灵魂。公司和经销商一起打造了庞大的经销体系，在全国有数万家专卖店和服务中心。“格力电器不靠价格，靠技术。同时我有优秀的服务。”

这两者对打的赌局，并非是一场轻营销重制造的赌局，而对赌的是：两者对于未来市场截然不同的解读方法。

董明珠的经典商业逻辑

其实，董明珠是营销出身。

董明珠从最底层的营销业务员做起，一直到2001年成为格力电器的总裁，又于2012 年成为董事长。她已经在这个企业待了20多年，她是中国电器业最著名的女性，也因为拼命工作被称为“中国阿信”。

据《福布斯》杂志记者吴晓波的报道，36岁的董明珠进入格力从业务员做起，独创了返利营销、先付款后提货、设立区域销售公司等一系列的革新，2004年她激烈反对国美等大卖场的低价倾销策略，格力与国美的分道扬镳、自建销售渠道令她开始成为备受公众关注的人物。

20年来，董明珠似乎一直在与复杂的现实做斗争：所谓的行规陋习、霸道的渠道商、政府采购的潜规则。在一次又一次的挑战过后，董明珠将格力电器从一家没有核心技术、只能做空调组装、年产能约2万台的国营空调厂，打造为全球最大的空调单品销售企业。

董明珠宣称自己比任何人都更重视技术研发和工业精神。她强调更为严苛的技术标准，强调一切“公司—顾客”这个界面有关的细节及其带给顾客的体验。

据报道，格力集团2013年的收入中，98.2%来自于电器业务，1.5%左右来自于地产业务，集团业务孳息0.2%左右。尽管接过了格力集团的权杖，但她非常明确地表示，自己不可能为了0.2% 的业务，而置98.2%的重心于不顾，自己这一辈子只做一件事——“空调专业化”。

所以，格力是一家极其封闭的公司，一家比苹果还要封闭的公司：核心技术、设计、制造、营销、服务，全部自己掌控。对于电商，她认为：电商是一种新趋势，但不可能替代实体店销售（这和王健林、张近东的观点完全一致），目前格力在电商渠道上暂无计划。

如此强势的董事长，如此封闭的格力帝国，难免会让很多人质疑格力的发展潜力。董明珠回答：“能卖1000亿就能卖2000亿。”并公开表示：未来格力电器的目标是每年销售额增长200亿元，2012年实现1000亿元，2013年实现1200亿元，5年后达到2000亿元的销售额。

她始终坚持认为，企业发展的天花板永远是核心技术停滞不前，只要技术不断升级，新的市场空间就会被创造出来。比如在家用空调领域，从过去的单机到现在的“一拖多”；在商用领域，对恒湿、恒温新增功能的需求。从家用空调拓展到商用，后者给格力带来的利润率是前者的一倍多。

董明珠认为，格力的根本在于制造。她觉得在中国做制造业，要耐得住寂寞，在国内具有劳动力、土地等资源成本优势的条件下，众多企业用纯粹的“商业精神”来决定发展思路，导致了追逐短期利益的做法。弘扬“工业精神”，可以最大限度地把企业目光从单纯利益追求吸引到创新领域。

我不得不说，董明珠是一位有深刻商业洞察力的企业家。在本书提出的“商业价值模型”中，董明珠坚定地认为“创造价值”环节才是根本，而不是由“传递价值”环节来决定发展思路。

基于这个定位，董明珠很自然地给自己和雷军分了个类，她认为自己是处于“创造价值”的中国创造，而雷军是属于“传递价值”环节的网络营销。所以，和雷军赌10亿，雷军必输无疑。

2014年1月，董明珠在参加央视财经频道主办的《中国创业榜样》走进北京师范大学珠海分校的活动现场，再次提到了与雷军在第十四届中国经济年度人物颁奖盛典上的10亿豪赌，并放出狠话：

> 不可能和小米合作，因为小米不是互联网，它只是在互联网平台上销售产品，如果要合作可能会和马云合作。格力是一个传统行业，但是也充分利用了互联网，去年格力做到了1200亿，不能认为小米运用了线上销售模式它就可以赢得竞争。

在现场董明珠更显豪气，当场做出承诺：如果雷军输了，她将拿出10个亿，这10个亿将全部捐给北师大，支持教育事业。

雷军的新锐商业逻辑

董明珠担心雷军拿不出10个亿，而雷军则在后面的一次演讲中说道：

> 前面主持人介绍我刚拿了年度经济人物，其实还有一件事比它更热，就是我和董明珠的赌局。我觉得我赢的概率是99.99%。

雷军是4家公司的董事长或CEO，即为香港上市公司金山软件的董事长，纳斯达克上市公司欢聚时代的董事长，小米科技董事长兼CEO，顺为基金的董事长。而在2013年，他的名字被频繁地和“小米”连在一起。

2010年，雷军初创了小米；2012年，小米成功销售719万部手机，全年含税营收额达 126.5亿元人民币；2013年，小米成功销售1870万部手机，全年含税营收额达316亿。雷军承诺2014年将出货4000万部。刚刚成立3年的小米，成为中国发展最快的创业公司之一。

> 我从一开始就认准，这是一个百亿美元级的机会。

到底是什么带来了小米爆炸式的发展？“小米用包括软件、硬件和应用生态（互联网服务）的整体方法，创造了全新用户体验的同时，也颠覆了中国公司在这个领域的传统做法。”晨兴创投合伙人刘芹说。软件、硬件和互联网服务，就是雷军所说的“三驾马车”。

雷军的第一架马车，是硬件。小米还开创了智能手机领域的“材料成本（BOM）定价”模式，结合互联网的特性，进行高效的口碑传播，并运用电子商务方式减少渠道成本，这使得小米手机在提供顶级性能配置的同时，能保持价格优势适中——市场上同样性能配置的智能手机价格大多都在2000元以上，苹果、三星等高端智能手机售价高达 4000～6000元，但小米的手机价格只有1999元。

在一次演讲中，雷军是这么说的：

我们整个产品的BOM价（Bill of Material，物料清单）是非常贵的，尤其是两年前我刚进入这个行业，是贼贵贼贵的，贵得一塌糊涂。但是当时我想反正就是入场券嘛，我呢就随BOM产品定价，BOM是多少钱，我就定多少钱。大家知道BOM不是真实成本，还有研发成本、模具等一堆的成本，我们全不管了。因为互联网公司做成本的时候，搜索花了多少钱啊，不都是免费的嘛，E-mail也是花了多少钱去存储啊。前一段网盘大家都做到10个T全免费了，我算了一下，10个T要是全存满，每年就要为这个用户花3.5万块钱，这些互联网巨头们全免费了。

因为今天这是硬件行业的会议，在互联网行业里面，免费都是稀松平常的想法。BOM定价实际上就是免费模式，所有的钱都是供应商的钱，不是我的钱。因为我认为只要有足够的量，摩尔定律在智能手机行业这个阶段是存在的。每个季度都有一定的降价，通过这个降价，我相信小米能挣到钱，所以当时是我下定决心按BOM定价的。

有人说，在硬件领域按照材料成本定价，就相当于在软件领域的免费，因为完全没有计算人工、设计等一些其他开支。但是按照材料成本定价，是不是就真的完全不赚钱了呢？雷军说，“只要有足够的量，摩尔定律在智能手机行业这个阶段是存在的。每个季度都有一定的降价，通过这个降价，我相信小米能挣到钱。”小米手机在2013年缴税42亿，净利润30亿。这说明，小米手机还是赚钱的。

材料成本定价，然后利用每个季度的降价来挣钱，一位在北大教国际贸易的老师告诉我，在经济学上，这叫forward pricing（远期定价）。这就是小米的计划。小米并不是真正的成本定价，因为随着配件的降价，小米手机并未随之降价。通过远期定价的实施，超级震撼的价格为小米带来了便宜实用的口碑，也因此圈进了大量的MIUI用户。

而MIUI（基于安卓深度定制的手机操作系统），是小米的第二架马车。在MIUI开发的时候，小米为用户、发烧友，提供了非常多的参与感，MIUI的一部分功能是用户参与开发的，小米官方称目前有10万人参与操作系统MIUI的开发，这是令任何采用传统开发模式的公司都觉得不可思议的。这是互联网加法时代的玩法。

据小米提供的数据，MIUI的月用户数和营收额均突破了3000万，单是仅2013年12月这一个月，小米向MIUI生态中的开发者的分成，就已经达到1800万。这意味着，在2014年，小米将有可能以零利润的市场策略争夺移动及家庭客厅（电视机）市场，在迅速累计数亿用户的同时，通过MIUI达到盈利目标。

所以，小米本质上是一个OTT（Over the Top，即互联网公司越过运营商，发展基于开放互联网的各种视频及数据服务业务，强调服务与物理网络的无关性，把硬件设备、电信网络管道化）的商业模式，通过多样化、便宜的硬件占领市场，然后通过OTT上的软件赚钱。

雷军正是董明珠说的“用纯粹的‘商业精神’来决定发展思路”。而董明珠的“核心技术”，在雷军的商业模式颠覆之上，是不是也正如马云说的“在机枪面前，形意拳和太极拳是一样的”？

董明珠和雷军之争，其实是“技术创新”和“商业模式创新”之争。

技术创新，还是商业模式创新?

2013年，我在福布斯中文网上发表过一篇专栏文章，叫作《一条腿的创新，跑不远》，文中写道：

> 科技创新，其本质是去发现一种新形态的价值。而商业模式创新，是为这种价值在现有的生态系统中，找到一种新的价值交换规则，从而为这种新价值赋予合理的商业价格。没有商业模式（价值交换规则）的价值，就没有价格；没有价格，就无法流通；无法流通，就不能兑现价值。

我在这里要补充一点。对于不需要创新的（或者是颠覆的）商业模式配合的技术创新，都是“延续性技术”的改良。延续性技术的改良，就是形意拳和太极拳的区别，或者陈氏太极和李氏太极的区别。在“颠覆式创新”的商业模式的机关枪面前，没有什么差别。

OTT的商业模式，就是一把重型机关枪，不管硬件如何革新，我决定不通过硬件赚钱，零利润销售，然后靠别的赚钱。你如何和我竞争？

OTT的商业模式，就是传统制造业的二向箔、机关枪。用雷军的话说：

> 如果你仅仅是把它当作工具的话，那你的理解只是停留在表面上。其实互联网是一种全新的思想。它用完全不同的思想来看待业务，看待市场。可能很多人不能理解，为什么互联网就是颠覆性的，我认为互联网的核心思想可总结为：专注、极致、口碑、快！

董明珠和雷军的赌局，不是“创造价值”（中国创造）和“传递价值”（网络营销）的赌局，而是“技术创新”和“商业模式创新”的赌局，是“创造价值”和基于OTT的“创造价值”的赌局。

但是，雷军不可以小看董明珠。从董明珠和马云在场上的互动来看，他们在线下一定早已交流过。我根据董明珠强调的：（1）大数据；（2）50%线下+50%线上；（3）大笑曲线：创造、营销、制造；（4）你没有根；（5）以及马云说的：营销是容易学的，试着还原一下董明珠的底气来自于哪里，以及马云的战略。

马云在线下如果和董明珠确实有过一次秘密会议，他一定是这么说的：

“董总，没有传统企业，只有传统思维。今天互联网企业，比如小米，已经不满足于手机领域，开始进军传统制造业，生产小米电视，来势汹汹。他们想把你们逼退成代工厂，自己赚大钱，让你们干苦活，太坏了，一点儿共赢意识都没有。海尔、TCL、长虹大家都很恐慌。不过你不要怕，这个世界上，还好有我能帮你。和我合作好，才能反败为胜，否则小米有一天做空调，很有机会超过你。我有唯一能打败小米的杀手锏：大数据！我有全国人民什么时候、在哪里、花多少钱、买什么的一切数据。小米的东西受欢迎，是营销做得好。但是营销是很容易学的。最重要的是创造用户喜欢的东西。我们一起合作，能把创造、制造、营销的微笑曲线，改变为创造、营销、制造的大笑曲线。小米粉丝和小米共同创造了小米的产品，但是我们天猫上有更大量的数据和更精准的用户需求，你和我合作，我们一定可以一起更精准地创造用户更加喜欢的产品，然后再营销，最后再生产。这样，线下50%是你的，线上50%也是你的，全是你的，你就可以无惧小米的进攻，战胜只懂营销的雷军。说到底，他们和你们没法比，他们没有根。”

如果马云的推进成功，5年之后雷军、董明珠10亿豪赌，谁输谁赢还很难说。因为，这可能不是新模式和旧模式之赌，而是新模式和更新的模式之赌；这其实不是雷军和董明珠之赌，而是雷军和马云之赌。

传统制造业被互联网“踢门”，谁赢谁输，今日未卜。无论是董明珠，还是张瑞敏，都没有完全的胜算，都在拉拢马云。所以，“拥抱互联网”，而不是抗拒——至少是今天的基本共识。

新东方：开除互联网授课的老师！

之所以选取新东方案例，是因为它有助于我们看清，在产品基本相同的情况下，互联网企业可能创造哪些竞争优势。

2013年，新东方一反常态地沉寂。这一年无人得知新东方内部经历了怎样的痛苦挣扎。

2013年1月，新东方的季度财报显示，产生了1580万美元的亏损。为此，新东方向外宣布将关闭近20个教学中心，4个月内裁员近1500人。

2013年年底，俞敏洪在新东方20周年庆典的3天后公开表示："宁可在改革的路上死掉，也不愿死在原来成功的基因里。"

一个月后，新东方执行总裁陈向东宣布离职。

"百度、阿里巴巴、腾讯全部上了教育平台，3家公司的创始人都是我的朋友，却豪不犹豫地冲进了我的领域。"

俞敏洪在2013年年底的演讲中坦言。给出的答案是新东方过去的成功基因没法跟互联网、移动技术相结合。他认为，“必须更换我本人的基因，同时更换整个新东方的发展基因。更换基因这个坎儿过不去，基本上就要死……所以我现在做好了准备，宁可在改革的路上死掉，也不死在原来的基因里。”

俞敏洪遭遇了什么样无法逆转的危机？

到2013年，新东方旗下已经有新东方在线、新东方大愚图书、家庭教育中心、满天星幼儿园、迈格森国际教育、泡泡少儿教育、北京新东方外国语、扬州国际高中、扬州外国语学校、同文高考培训、北美留学直通车、前途出国、国际游学、酷学酷玩夏冬令营、批改网、留留学等近20个子机构，业务涵盖了从基础教育到留学咨询多个市场层面。

截至2013年5月31日，新东方的学校和学校中心综述为726个。

据2013年度第四季度财报显示，新东方总营收额为9.599亿美元。

但新东方庞大的体态并不能带来高速的成长曲线，这是为什么呢？

近10年间，中国留学人数一直在以每年20%左右的速度高速增长。据统计，2013年，中国的留学人数高达45万人。

而与此同时，新东方的财报显示，2013年海外考试及咨询业务持续放缓，海外业务营收增长不及20%，学员人数同比下滑4%。大班人数逐渐减少，占比从两年前的60%下降到40%。新东方管理层称，2014年这一比率将会继续放缓，学员增长率也会降至6%～7%之间。初中部业务将成为学员的主要增长点。

而我们知道，大班海外考试培训是新东方的主要产品条线，也是新东方最具品牌力的产品。

市场正在发生转移，从原来的人山人海，拿着喇叭上课，转而小班和VIP

独立辅导更受欢迎。另外，学员年轻化的趋势愈加明显。

同时，新东方的成本在迅速高企。一方面是全国教学中心的迅速扩张，意味着房地产租金成本的上升；另一方面，教师的教学成本也在上升。越来越多的教师开始找到更新更快更便宜的赚钱路径——网络教学。可笑的是，曾任新东方老师，成为了他们开个体培训班最好的招牌。

2013年6月，新东方在内部发布通知：严禁总公司、下属机构及教师个人在YY等竞争机构讲座和课程合作。此消息一出，引发众多哗然。有人质疑说YY等网络教授平台上的免费讲座和公开课不是新东方最好的广告吗？也有教师毅然决然辞职新东方，就此加入了YY等教学平台开课。

这一幕与20年前，俞敏洪在北大门外的电线杆上刷小广告，转眼被北大开除教籍有着神奇的相似之处。

其实究其本质，教育，就是在解决信息不对称的问题。每个人从出生到死亡，都要把知识“对称”一遍到他的脑中、体中、心中。人这一辈子能学会的有三样东西：知识（对称到脑中）、技能（对称到体中）、态度（对称到心中）。而知识本身就是信息，训练技能的方法也是信息，修炼心态的心法也是信息。这些信息的传递方式，随着沟通效率的发展，被互联网做减法是必然的趋势。

面对面学英语，已经变得越来越没有必要。

谁在颠覆新东方？

在中国的另外一个城市上海，一个英语老师正在一个叫“沪江网”的平台上开课，这个网上虚拟的课堂中坐了近6000人，这些人来自全国乃至全世界各地。老师在自家电脑前，讲了几十分钟的公开课，大获好评，于是学员现场购买了他8万元的收费网络录播课程。

2001年，当阿诺创办沪江网的时候，他还没有从上海理工大学毕业。在寝室里倒腾服务器的他，可能也没有想到这一网站会成为中国目前最大的在线教育网站。

目前沪江网的日均PV600万，业务分为多语种学习网站、电商购物平台以及沪江网校。2012年营收额过亿，其中网校收入占40%。2013年，沪江网获得了数千万美金B轮融资。

沪江网的优势在于，用社交属性来构建“沪江网校”。这一网站在10多年的时间里，沉淀了2000万注册用户。2013年我和阿诺以及沪江网的其他高管聊过好几次，他们讲述了沪江的商业逻辑。

2009年，沪江网开始启动网校项目，最开始的设想是做视频教育，但是由于带宽成本过高而被否决。随后，沪江网开始考虑用flash和音频制作课程，正是这一产品迅速获得了用户的青睐。

沪江网校在最初定制产品时，定价非常低。比如口语课或者是日语课初级，学习费用一般不会超过500元，甚至很多课程出现了30～50元的低价。而在线下课程中，类似的课程可能售价是网校的数倍。

在用低价课程打开市场局面之后，社交化的学习方式成为增加用户黏性的最好方法。

在沪江网的设计思路中，随处可见对于Facebook等社交网站的细节致敬。

单词本、选课大厅、学习记录、打卡给积分等服务，让用户迅速地沉淀在这一产品体系之中。

2012年，阿诺瞄准了移动市场潮流，推出了50多个移动应用APP，这些应用如撒豆成兵，让沪江网在移动端也有了相应的布点。

从目前的定价体系来看，沪江网网校的课程费用一般在千元上下，与新东方的课程费用大体一致。唯一不同的是，新东方的课程一般在30节课左右，而沪江网的课程基本在100个课时以上。

这由两个原因组成，第一房租很贵，教师人工高企；第二，网络课程可以缩短每个课时的时间段，以提高注意力，同时这些课程可以随时反复播放，这也大大降低了网校的制作成本。

更重要的是，网校不需要维护太多的教师资源，可以单次购买授课版权，也可以采取与教师签约的方式来分成。

拥有互联网减法带来的巨大成本优势，未来，中国教育市场必然会被网络教育所颠覆。只不过，这个颠覆可能会发生在沪江网，也有可能会发生在YY这样的社交聊天工具产生的社群之中，也有可能新东方会拼死一搏，颠覆自己，迎来新的时代。

正如腾讯是通过广州研究院做微信来颠覆原有的QQ客户端一样，新东方需要有自我颠覆的勇气和魄力。面对面教学所获得的高额利润，就是在互联网时代的“基于信息不对称的既得利益”。新东方必须有逐步放弃既得利益的勇气，做好互联网减法，才能重获新生。

2014年1月21日，新东方公布的最新财报中有互联网相关战略，其内容如下：

> 新东方一直积极探索基于互联网的教育举措，包括进行线上线下结合（O2O）和纯线上学习产品。
>
> 新东方已经开发了自己的网上互动学习平台，该平台涵盖所有主要的产品线。学生可以在课后通过平台继续完成练习和测验，并与教师互动，同时该平台也可以记录学生的学习季度。公司相信，新的在线互动学习平台将会

显著提升学习体验，并且通过网络增值服务创造新的收入流，通过推动学员由线上到线下转化形成更多的人学量和增加收入。

公司也在新东方在线平台和官网上试验对一些成人短期应试类课程进行现场直播，用户可以付费后在设定的时间观看直播和在任何时候重复收看。

Koolearn.com （新东方在线）目前为青少年和成人提供超过2000个在线课程，包括语言培训、考试辅导和职业教育。

此外，新东方已经面向2～8岁儿童开发了一系列基于移动和Web使用的应用程序，命名为“多纳”（DONUT）。这套产品侧重于游戏的学习，包括英语、数学、语文阅读和亲子游戏，内容每月更新。目前大多应用程序都可以免下载，我们在应用中也嵌入了可以商业化的购买机会。

除了自身努力，公司亦与其他大型互联网公司进行合作，以求在在线教育领域进一步发展。

祝愿俞敏洪的“新新东方”，能够颠覆“新东方”。

网络商业地产PK实体商业地产

王健林和马云的交锋是中国商业史的经典一幕，所有传统企业都可从中温故知新。

2012年12月12日，王健林和马云在央视年度经济人物颁奖典礼上同台领奖。面对全国观众，央视给两位经济人物出了一道辩论题：电商是否能取代传统店铺？两人在电视机面前争论不休，各执一词无法分辨胜负，于是到最后，就有了著名的亿元豪赌：10年之后，如果电商在中国整个大零售市场占到50%的份额，王健林给马云1个亿，如果不到50%，马云就得给王健林1个亿。

王健林，大连万达集团董事长，做的是“实体商业地产”。马云，阿里巴巴集团董事局主席，做的是电商平台，有人称之为“虚拟商业地产”。一个是传统企业的领军人物，一个是互联网界的风云人物。我相信，他们一定是到了实在是谁也说服不了谁的地步，才会“当众赌博”。

这个赌局，王健林和马云其实赌的不是自己的公司，而是传统企业和互联网的未来。

零售业，在“商业价值模型”中，是处于“传递价值”这一环，而且是“传递价值”这一环的集大成者，其商业形态囊括了信息流（看商品）、资金流（付款）、物流（取货送货）所有环节。零售业，在传统企业互联网化的过程中，是最早、最直接面临互联网减法挑战的行业。而商业地产是零售业的载体，所谓唇亡齿寒，如果电商取代店铺，那么线下的商业地产必将受到严重打击。所以两个“地产商”赌“零售”，也是有一定道理的。

那么，到底，谁能赢呢?

2022年还远未到来，这个50%今天自然无法知晓，所以现在不说胜负。但是，在这个赌局之后，王健林和马云都分别有很多的发言和隔空对话，非常精彩。我帮助大家把他们关于这个赌局的一些对话收集起来，从他们的对话中体会互联网是如何踢门，而传统企业是如何应对的。也许能给大家很多很有意思的感悟。

马云：电子商务今天1万亿只是刚刚开始

到底马云对王健林说了什么，让王健林以赌明志？在央视年度经济人物颁奖典礼上，马云是这么说的：

> 我先告诉所有像王总这样的传统零售一个好消息，电商不可能完全取代零售行业。同时告诉你们一个坏消息，它会基本取代你们。

重要的是电子商务今天不是模式的创新，而是生活方式的变革。很多人看成是商业模式，事实上它在影响一代又一代人。电子商务今天1万亿只是刚刚开始，现在所做的只是对传统零售渠道的变革，未来三到五年，将进入生产制造的变革，直到影响生活方式的变革。

所以，我想告诉大家的是，这只是刚刚开始。另外，今天电子商务不是想取代谁，不是想消灭谁，而是想建设更加新颖的、透明的、开放的、公正的、公平的商业环境，去支持那些未来成为中国最佳的像王健林这样的企业家。成功地主导未来的中国经济的，不是马云，不是王健林，而是今天没有听见，没有见到过，甚至没有听说过，很多人可能看不见、看不起、跟不上、看不懂的年轻人，他们将取代我们，他们将成为中国经济的未来。因为他们正在用互联网的思想和互联网技术改变今天的商业环境。

而今天真正创造1万亿的不是马云，创造1万亿的是今天可能不会回头的店小二，小年轻人，“90后”“80后”，在街上不会点头的快递人员，他们正在改变今天的中国经济，而只有他们才是未来经济的希望。所以我不是取代你，而是帮助他们取代你。

马云的这番话一如“我拿着望远镜也找不到竞争对手”一样的“狂妄”。“不会完全取代，但是基本取代”，斩钉截铁，不留余地。作为中国首富、一代领袖的王健林，再怎么韬光养晦，也无法不接招。何况，马云还继续穷追猛打：

光有勇气是不够的，尽管我们都需要勇气。在机枪面前，形意拳太极拳是一样的。

“在机枪面前，形意拳太极拳是一样的”，意思就是说，不要跟我分析那些细节，那只是形意拳和太极拳的区别。在互联网、电商这个机关枪面前，它们是一样的，都不堪一击。

这是互联网革命，在公然踢传统企业的门。不是踢门，而是踢馆，下战书。王健林一代宗师，唯有挂旗应战，重注赌输赢。

王健林：说传统产业要死的乌鸦叫了不止一次

其实，王健林和马云的关于“电商是否能取代传统店铺”的对赌，是有背景的。

在央视年度经济人物颁奖典礼的前一天（2012年12月11日），在中国企业家沙龙上，两人关于传统企业和互联网之辩就已经开始了，而且针锋相对，观点鲜明犀利，毫不保留。

马云开始踢馆：

> 我想跟大家讲的是，这1万亿只是刚刚开始，零售行业将会面临致命的打击。这不是一个玩笑，做互联网这么多年，我一直坚信，创造性的破坏比破坏性的创造要重要。
>
> 传统行业经常讲的这句话：不管怎么样，你一定会用我的体验吧。我告诉大家，以后的体验跟你今天想象的体验完全不同。传统零售行业与互联网的竞争，说难听点，就像在机枪面前，太极拳、少林拳是没有区别的，一枪

把你崩了。今天不是来跟大家危言耸听，大家都是朋友，互联网对你的摧毁是非常之快的。

马云说，大家都是朋友，是互联网要摧毁你，我是提醒你。王健林完全不买账，针锋相对：

说传统产业要消亡，比较有名的，这400年来你算第三个。

第一个有名的人是造了蒸汽机的瓦特。蒸汽机出现后十几年，就有人做了断言，除了蒸汽机是新兴产业，它能够发展外，其他传统产业都将消亡，其后二三十年蒸汽机的概念火得不得了。后来经过30年的发展，大家最终发现，蒸汽机再怎么牛还是要有利润才行，后来其他产业也没有消亡。

第二位是美国在线的老板，他断言除了互联网之外的传统产业都要消亡。2001年互联网特别火，有人跟我讲展览公司活不下去了。展览是最容易受互联网冲击的，因为都不用来了，在网上看看就行了。在他的提醒下，我翻了翻了欧洲工业史，发现1950年就有人说新经济要火，传统经济要死。

马云算是第三个最有名的人，今天断言除了电商以外，零售行业要死掉。

王健林不以为然。大的技术革新，互联网不是第一次。蒸汽机的发明不可谓不重大，但是也没有其他传统产业消亡。AOL（美国在线）老板也说传统产业要灭亡，这话也说了十几年了。马云你现在也来说，算你有名，但是也难免落个“危言耸听”。其实王健林说得很有道理。

马云“救友”心切，继续说：

我是说死掉一大半。我绝不是在危言耸听：世界在变，天已经变了。这是一个巨大的变革，我找不出任何理由相信传统的零售会胜过我们。

这个变革是一个连锁反应，不是单独的反应，不仅是对零售的冲击。这10年来我们做的是消费流通领域，未来3年数据化以后进入生产制造，然后再由生产制造到生活方式的变革，这是循环的。零售行业的好日子将不会回来。

马云的这个观点，和本书提出的“商业价值模型”的“创造价值”“传递价值”观点非常一致。他认为，在过去的10年，是“互联网减法”的10年，“我们做的是消费流通领域”，而未来的3年，是“互联网加法”的3年，“数据化以后进入生产制造，然后再由生产制造到生活方式的变革”。这个互联网化的进程，从“互联网减法”到“互联网加法”的循环完成之后，“零售行业的好日子将不会回来”。

马云补充了一些案例：

例如，在广东造电视机的人，原先生产100台电视机，脑子里首先想到的是95台卖到了国美，5台补充一下电子商务。今天倒过来了，他们认为100台电视机当中有50~60台要被放到网上，20~30台放到线下店里。这是什么概念？制造行业的行为发生了变化。

我再告诉大家，有些数据没有对外公布，今年9月29日，海尔在我们这里卖出了12000台洗衣机，一天拉断了海尔的几条流水线，而这只是我们“聚划算”做的一个小项目而已。可以想见，今后的商场会出现什么结局？

确实。我在成为海尔的战略顾问之前，专门研究了海尔和阿里的合作。2012年的一个聚划算项目，帮助海尔卖出去12000台洗衣机，这让海尔以及很多传统企业都为之一振。

> 天变了。零售行业的改变必定导致生产制造行业的变革，沃尔玛最伟大之处不是1年卖2.7万亿人民币，而是通过零售改变了整个生产制造。由于沃尔玛大规模地采购导致这个世界出现了集装箱、规模化、标准化、低成本。
>
> 沃尔玛带来了B2C。今天倒过来了，互联网带来了C2B，消费者数据引导生产制造的变革，这个变革是巨大的。船过去了，就很难回来，即使你想把它拉回来，但跟顺水而行用的力气是完全不一样的。

马云在这里，强调了“互联网加法”对“创造价值”这一端的影响，尤其是强调了C2B的巨大变革，称之为“船过去了，就很难回来”。C2B的变革一旦发生，就一路向前，无法回头。

当然，王健林是不服气的。

> 首先，马云能出来，他自己有本事是一方面，但更重要的是中国缺乏大的零售企业，这给他制造了机会。
>
> 其次，电商永远不可能完全取代零售。
>
> 宅在家里上电商，这肯定是相当一部分人的行为模式。但不要忘了，人的社会属性才是第一位的，我就断定人一定要去公众场合，人一定还要去人多的地方玩、转，这样就可以让零售终端和零售渠道继续生存下去。

当然，有一部分零售渠道一定会极其困难，也许最后就消亡掉了。尤其是完全标准化的产品，例如电器、图书、家具，因为没有什么炫耀功能，也不需要再进行什么比较，完全是标准件，一点购买就行，但是稍微复杂一点儿，或者稍微高档一点儿的商品，买的时候不完全为了实用。

为什么刚才讲1640年蒸汽机革命之后说传统产业要消亡的例子呢？就是我相信，电商发展会很快，但最终一定会和零售实体形成一种“竞争共存”的局面。

再次，中国的电商现在起步太晚，占的比重太小。在起步期间你的空间是非常大的，但当电商市场份额达到10%左右的时候就会逐步减缓速度，出现瓶颈。绝对不可能一个淘宝，或者一个电商在中国零售平台中占据主流。

传统的零售行业已经有两千多年的历史了，你想想这两千多年中的变化还少吗？各种变化都经历过，为什么还能活下来呢？他一定会有法子。

不得不说，王健林的一二三是非常精彩的。1640年至今，有多少变化，传统零售业能活到今天，就一定能活下去，最后一定是“竞争共存”。

面对王健林“竞争共存”的橄榄枝，马云寸步不让：问题在于，你们不会再有机会了。

我一直坚信，改变成功者是最困难的，因为每个成功者都有一大堆理由。

为什么传统行业做不了互联网？很难做，因为你要革你自己的命，这是非常难的。在座各位要想做互联网，不是你们做不了，最艰难的是你们要革自己的命，也就是你要把原来的行业砸了。淘宝现在还在做无线淘宝，另外一场革命就是无线，我们的目标是什么？消灭淘宝！就是我们给他一切资源，你只要把淘宝打败，我们就认为你过关了。很多人做电子商务，都说“电子商务是传统模式最好的补充”，补个鬼啊，人家已经比你强了。

很多人输就输在，对于新兴事物第一看不见，第二看不起，第三看不懂，第四跟不上。很多人走过的路就是这样的。

“电子商务不可能灭掉传统行业”，这句话一定是对的。两千多多年来，人们还是喜欢寄信，尽管有了传真机，有了电话，但是邮寄的东西成为一种乐趣，成为一个补充，未必会成为主流。

我只是觉得整个行业的变革远远超过大家的想象，现在很多人打拳都很厉害，觉得我把肌肉练得再强一点子弹就打不进了。我告诉你，还是能打得进。因为成本概念、模式概念影响的不只是你，影响的是整个制造业，影响的是后面所有的参与者，特别是影响我们“90后”的孩子们。

我同意王总说的，吃饭、喝茶、看电影——那当然，（体验或消费）是必须的。但是有一点我必须提醒你：我们发展起来确实是因为中国的零售行业不够强大，但是我们今天的增长速度让零售行业失去了强大的可能。

马云的话同样精彩，“成功是成功者的绊脚石”，革自己的命，谈何容易。你的一切辩解，都是理由，导致你们做不了互联网。他说出了著名的“第一看不见，第二看不起，第三看不懂，第四跟不上”的言论，评价王健林等传统企业的成功者。

最后，完全无法求同存异，王健林说：

> 我是基于过去两千年的历史。二十年后电商肯定不会成为主流。2022年电商在中国零售市场份额超过50%，我就败了。我敢跟你赌1个亿。

在央视年度经济人物颁奖典礼上，王健林和马云的赌局，不是现场冲动，而是早已开盘。这场赌局是1元，还是1亿元，和他们的这番对话比较起来，就显得黯然失色了。不论是对于传统企业还是互联网界的企业家们，两位商业领袖的唇枪舌战，里面的每一点，都值得思考。

马云：电子商务不是生意模式，它是生活方式

王健林和马云的赌局，轰动了整个财经界，引发了传统企业界和互联网界的大辩论。2013年2月3日，央视再度把马云邀请到《对话》栏目现场，深入讨论这个赌局。主持人问：到底赌局谁赢谁输，自己有多大把握？马云非常笃定地说：王健林输定了！

> 我不跟任何人赌没有把握的赌。这个是因为你不懂才会赌，赌了1个亿。所以我觉得如果各位还不认为10年以后，零售行业或者传统行业会被互联网电子商务冲击到50%的话，我估计只是他刚刚进入这个领域里面而已。电子商务绝对不是一种生意模式，它是一种生活方式的变革。10年以后，结局只会比我们想起来更加可怕，因为它摧毁的不是一种商业模式，而是一种旧的思考，它是一种社会的进步，所以是不可逆转的，所以50%这个赌王健林还是不赌为好。

电子商务的目的不是去消灭谁、推翻谁，而是建立未来我们认为更加公平、更加透明、更加平等的商业生态环境，其实我们说今天这个企业打败那个企业，那个企业打败这个企业，一点儿意义也没有。换句话说，一头羊把其他的公羊打败了，觉得天下第一了。狼一看，咔，瞎搞，瞎整，因为它完全是两种不同思考的作战。

“一头羊把其他的公羊打败了，觉得天下第一了。狼一看，咔，瞎搞，瞎整，因为它完全是两种不同思考的作战”，这就是本书第一章所说的“降维打击”。马云说：

有人说，也是王健林说的，全中国4800家电子商务企业，4799家企业都亏，只有淘宝赚。我也不知道4800家企业这个数字从哪里来，第一绝对不只4800家企业，第二在淘宝上面电子商业企业活得非常好。今天我们电子商务绝大部分活得不好的企业，说实话它们诞生这一刻我就知道它们已经输了，它们生活在传统想象的电子商务中。传统想象的B2C，他认为这就是电子商务，这些企业本身就该死。跟阿里比，我们是一个平台，模仿我们是很累的，有的人在平台和电子商务之间，不断地摇摆的时候，你是一定要死。阿里巴巴不是一家电子商务企业，我们是帮别人做电子商务，我们是帮无数想创业的人创业，我帮你做生意，这是二者之间的区别。

主持人顺便还问到了某次招商银行马蔚华和马云的对话，问他怎么看银行这个传统企业，马云对这个同姓兄弟的态度，和对王健林并无二致：

银行没办好的事，我们替银行办好，我觉得做支付宝不是恨银行，我感谢银行。这块业务本来应该是银行做，银行没做好，我们替它做好。另外一个，马行长做了很大的努力，这不怪马云，没有马云也会有李云、张云来做。所以呢，今后我们把老百姓搞富了，你们把富人搞得更成功，我觉得这就是生态链中的合作。

“银行没做好，我们替它做好”，这让我想起马云另外一句名言：“如果银行不改变，我们就改变银行。”

马云在《对话》节目中，非常强势地回应了1亿赌局：王健林输定了。

马云：王健林赢了，这代年轻人就输了

2011年的52亿，2012年的191亿，2013年“双十一”，阿里巴巴单日销售额突破350亿。马云说：

我关心的是数字背后的问题，我们怎么样把商业地产用市场化的方法压下来,进而让周边居民住宅地产健康。明后年转型升级后，工厂不再把商业地产作为投资，居民区的价格也会降下来，能不能让中国物价得到调节。

你很难相信，这是一个商人的话。但是，这个内容却让很多人受到鼓舞。确实，王健林也说：

> 你的冲击不是对我，而是我的客户，因为我是收别人租金的，电商的发展会冲击到我的客户，间接就会影响我的租金，我要考虑到这一点。

房价能降下来，这是除了房地产商以外的所有想买房的年轻人都希望看到的吧？所以马云说：

> 大家记住，2020年王健林如果赢的话，那我们这个社会输了，是我们这代年轻人输了。

王健林：不能搬上网的体验型业态将占万达的60%

就在“双十一”后不久，王健林在中国企业领袖年会上做了30分钟的发言。在回答提问时，他说：

> 包括“双十一”你去看，实体店在线上成交比重也占一半，甚至更多，排在前面几十名的都是实体公司，不是做淘宝店的那些人。你实体店要降低房租，可能有一些能够时刻在网上买卖的东西，还是要去店铺化，但是能在店铺上的，更多地转向那种没有办法电商的、没有办法网络的这种行业。万达现在自己的广场，我们自己内部在5年前定的体验业态占50%，我们去年定的口号：2015年年底之前，体验业态占60%。可能以后要进一步挤压这种行业，增加更多体验的吃喝玩乐。

王健林要把万达的业态向“体验业态”转型，以对抗互联网的冲击。有观众提问：您还是坚信马云这样的会赢？王健林说：

不是这样，网络真占50%、70%，也是零售店当中占了大部分，实体行业也没死掉。这个49%他就输了，51%我就赢了，不一定，我是说这个趋势，所有的行业都要和现在的互联网技术结合来思考，完全地按照传统思维再做零售，我估计前途很困难。

在回答别的问题时，王健林又说：

互联网对传统行业的冲击，这是趋势；我已经有一个认识，今后所有行业必须互联网化。但是不意味着互联网消灭所有行业，这是两个概念。因为互联网技术的出现，特别是最近这些年，还有电子商务，电子商务也是互联网的一个方面，确实改变了人们的生活，改变了人们传统的运营方式和经商模式，这是一个趋势。

在这个冲击之下，有些企业不能适应，就消灭了，就消亡了。比如说现在很多纸质媒体，很多书店，凡是能标准件生产的行业，家具、电器、标准服装，鞋帽等等，标准件生产的，都受到了冲击。

这可能就是一个洗牌的过程，但是传统行业和新兴行业是一个转化的过程，你这个行业产生几年，过十几二十年就成传统行业了。怎么应对这个冲击呢？就是在做互联网化改造的过程当中适应它、运用它。

“这个49%他就输了，51%我就赢了，不一定……互联网对传统行业的冲击这是趋势……今后所有行业必须互联网化”，这就是王健林最后的结论。经过近一年的隔空对话，已经不需要等到10年后看结果了，我想，两位商业领袖已经达成了共识：

互联网化是必然趋势。

2013，风起云涌，非常多的改变、呐喊、恐慌、变幻。王健林所代表的传统商业地产，最终能以“怎么应对这个冲击呢？就是在做互联网化改造的过程当中适应它，运用它的姿态面对互联网化，拥抱互联网化”，实在是重大转变。

如果大象都已经决定开始跳舞，那么你呢？

家电大战：苏宁PK京东

在马云和中国首富王健林豪赌之时，另一个中国首富苏宁董事长张近东看不下去了。2013年11月21日，他在美国斯坦福大学发表演讲时，对两位商业领袖，也是他的两位好朋友，隔着太平洋喊话：

这两个人都是我的好朋友，但是他俩一个是做房地产起家的，一个是做互联网起家的，他们两个拿中国零售业的未来打赌，这似乎有点儿干涉我们零售业的内政了吧？

在我们有20多年零售业经验的从业者来看，互联网本质上还是一种工具，不可能完全取代实体；但它同时又是大势所趋，当它像空气一样弥漫整个社会时，每个行业、每个企业都要互联网化。所以将线上线下割裂开来，讲谁比谁更好，我认为都是片面的、不专业的。未来的零售企业，不独在线下，也不只在线上，而一定是要线上线下完美融合的O2O模式。从你们美国这边的趋势来看也是如此，前10大电商中，有9个来自于传统零售企业。

是的，马云和王健林其实都不是做零售的，而是做实体商业地产和网上商业地产的。虽然说都和零售有着唇亡齿寒的关系，但说起零售业的老大，那还是非张近东莫属的。张近东所在的零售业所面临的互联网的冲击，更为直接，更为惨烈。

喊话归喊话，但是张近东的结论却已经预测了“马王之赌”的结局：当它像空气一样弥漫整个社会时，每个行业、每个企业都要互联网化。但是作为大零售的真正代表，他认为：未来的零售企业，不独在线下，也不只在线上，而一定是要线上线下完美融合的O2O模式。

张近东的认识也不是一蹴而就的，因为没有人会革自己的命。“变革可能是找死，不改变就是等死”这句话，也许没有人比张近东更有切身的感受了。就在2012年，传统企业互联网化元年的前一年，张近东经历了和京东的一场恶战。

库巴网副总裁彭亮说，目前线上的产品价格平均要比线下低5%～10%，而随着前期物流和推广费用的减少，线上的成本优势和价格优势将更加明显。这也导致家电卖场成为消费者的“体验店”，先在实体店中浏览商品，看准型号，然后再从网上以更低的价格购买。

我有一位在百事可乐工作的高管朋友，甚至还教给大家一个高招：看中一款冰箱，先去国美，再去苏宁，然后用手机打开京东的商品页面，当着苏宁店员的面打电话给国美的销售，把两家门店、一家网站的价格摊出来：你们谁给得最实惠，我就在谁那里买。

互联网减法导致的商品信息极度透明，使得苏宁如坐针毡。

如本书前面所说：一切基于信息不对称的商业模式，都将被互联网革命。苏宁曾经引以为豪的无数门店，一夜之间，全都变成了包袱。2012 年第三季度，苏宁就关掉了59 家店面，而同期新增店面仅为37 家，上半年则关掉了超过100家，而每关掉一家店，苏宁都要损失上百万元。

在过去22 年的大多数时间里，苏宁的零售业务和中国红火的房地产业务一样高速发展，从一家街边空调小店发展为中国最大的3C 产品零售商。但进入2012年后，好风光不再，张近东名下的上市公司苏宁电器在2012 年头三个季度里，净利润罕见地出现同比减少31.28%，全年减少30%～40%，公司市值在一年多的时间里缩水近一半，导致其身家缩水超过20 亿美元。

苏宁决定：“先革自己的命，再革对手的命。”2012年8月7日，苏宁宣布8月中旬开始，苏宁门店将率先启动3C产品的线上线下同价促销，确保全城最低价。线上线下同价以北京为试点，从3C品类开始，逐步向全国苏宁和其他品类推广。

线上线下同价，对苏宁来说，是咬碎牙滴着血的决定。苏宁副董事长孙为民说：“不赚钱，也要堵截京东。”

也许就是这句话，掀起了3C产品零售史上最惨烈的一次价格战。

京苏价格战引发行业混战

2012年8月13日晚23:25，京东商城董事长刘强东发布微博：

> 今晚，莫名其妙地兴奋：）

很多人莫名其妙刘强东有什么好兴奋的，直到第二天（8月14日）上午10:48，刘强东发了下面这条微博：

> 今天，我再次做出一个决定：京东大家电3年内零毛利！如果3年内，任何采销人员在大家电加上哪怕一元的毛利，都将立即遭到辞退！从今天起，京东所有大家电保证比国美、苏宁连锁店便宜至少10%以上，公司很快公布实现方法！

然后，很快，他公布了具体办法：

> 即日起，京东在全国招收5000名美苏价格情报员，每店派驻2名。任何客户到国美、苏宁购买大家电时，拿出手机用京东客户端比价，如果便宜不足10%，价格情报员现场核实属实，京东立即降价或者现场发券，确保便宜10%！欢迎离退休人员报名，月薪不低于3000元。报名：zhanglingling@360buy.com

这两条微博引起轩然大波。8月18日，是苏宁易购三周年庆的日子，这是京东向国美、苏宁的赤裸裸的宣战。根据大家的反响，刘强东紧接着连发几条：

11:07京东大家电发力第二弹：8月底前，京东商城大家电配送在全国20个城市实现211限时达服务——上午11点前下订单，当日下午送达；夜里11点前下订单，第二天上午送达！京东大家电配送也要211！！！

16:42从明天上午9点开始，京东商城所有大家电价格都比苏宁线上线下便宜！并且无底线地便宜，如果苏宁敢卖1元，那京东的价格一定是0元！买大家电的人，不关注京东必吃亏！

19:13我为什么要打苏宁大家电？因为苏宁大家电毛利率高达25%，也就是你去苏宁店里购买一台5000元左右的冰箱，苏宁要赚你1250元！而京东只加150元就可以卖！只有大家电才有足够的价格战空间，其他品类即使便宜也就几元钱的事，没意思！要打就几百几百地降！

19:49刚刚和各位股东开完会，今日资本、雄牛资本、KPCB、红杉、老虎基金、DST等几个主要股东全部参加了！大家都知道打苏宁的事情。我说这场战争是要消耗很多现金的，你们什么态度？一个股东说：我们除了有钱什么都没有！你就放心打吧，往死里打！

彼时张近东正在美国，苏宁易购的副总李斌公开迎战。

16:08保持价格优势是我们对消费者最基本的承诺，我重申：苏宁易购包括家电在内的所有产品价格必然低于京东，任何网友发现苏宁易购价格高于京东，我们都会即时调价，并给予已经购买反馈者两倍差价赔付。明天9:00

开始，苏宁易购将启动史上最强力度的促销，我一定能够帮刘总提前、超额完成减员增效目标。一起努力！

当晚国美决定参战：

22:48从8月15日9:00起，国美电器网上商城全线商品比京东商城都低5%。

于是，一场前所未有的血战正式拉开帷幕，声势之浩大，前所未有。苏宁刚刚咬牙吐血地实行了部分产品线下、线上同价来抵御京东的强势冲击，这场价格战是要逼迫苏宁全线产品同价尽快发生。

当然，我们都知道，3C产品的利润空间其实已经很薄，大家都没有长期打健康价格战的空间和基础。很多人也对这场价格战产生了质疑，易迅网CEO卜广齐发微博称：

【京东、苏美大战就是一个营销骗局】 1. 京东和苏宁易购上相同产品很少，消费者根本无法比价； 2. 这次的炒作完全是场营销骗局，是京东和苏宁在资本市场上相互攻击令对方无法顺利融资的行为； 3. 看一淘比价，易迅相比京东，确保低价完全没压力，欢迎北京、上海、深圳用户体验超快的一日三送闪电送货服务……

最后，最后的最后，国家发改委调查了三大电商，并予以了处罚：

发改委指出主要存在四大问题：第一，在价格战过程中，有电商存在虚构原价行为，即实际促销价高于之前7日内交易的最低价；第二，京东CEO刘强东曾称，所有大家电将在未来3年内保持零毛利，但相关部门抽查的15种产品却显示，这些产品的毛利率最低为4%，最高达22.43%，促销后最高毛利率也达10%；第三，有的电商在网店上标明无货，而实际的调查结果显示商家仓库实际有存货；第四，重合商品少，有的电商促销的产品是独家经营，其他商家根本没有，因此也无从比较其此前承诺价格究竟。

京东方面表示，“将尊重发改委的调查结果”。苏宁表示，国家有关部门介入调查有利于规范企业和行业的良性发展，对管理上存在的瑕疵会积极调整。此外，在此次价格战中扮演了重要角色的比价网站一淘，也被国家发改委曝出部分信息失实，对此，一淘表示将接受各方意见，改进和提升自身能力。

一场混战，以被各打一通板子结束。

但是经此一役，我想苏宁更加清醒地认识到：一切基于信息不对称的商业模式都将不存在，而且会比想象的快。事后，张近东谈到这次可以载入史册的价格战时，说：

商场如战场，如今面对一个初出茅庐、规模只有我们1/10的对手挑战，我们更多的是觉得他们“初生牛犊不怕虎”。当时他们知名度很小，但是苏宁已深入人心，所以对手很可能是想借此来炒作。当时我在国外，我们易购的副总直接在微博上公开迎战了，承诺价格永远比对手低。一石激起千层浪，其他电商也纷纷加入进来，原本是我们的周年庆瞬间演变成整个电商行业的大战。一番较量下来，在15日当天苏宁易购就产生了5000多万美金的销售，是日常销量的8到10倍，流量也暴涨了近10倍。14日全球网站排名还在600位左右的易购，一天时间便最高冲到了62位。回国后，我来到他们的办公区，鼓舞这群平均年龄只有25岁的年轻人说："你们年轻、有激情，我愿意与你们一起站在苏宁易购这辆飞驰的战车上并肩作战。"经此一役，奠定了易购在中国B2C行业前三的位置。我们把这个阶段称为纯电商时代。

苏宁电商：起个大早，赶个晚集

经此一役，张近东加快了"互联网化"的进程。他总结道：

传统纯电商平台存在着商品性能展示不充分、商户信息不对称，不能满足消费者立体式购物体验的需求，无法全面地服务商户、培育品牌。比如买个彩电，视觉效果如何？买件服装，质感如何？买个单反相机，镜头成像效果如何？等等。这些都是没法单纯靠网上体验来解决的。此外，对电商平台成本低、价格低的认识，也是比较片面的看法。在中国至今仍没有盈利的B2C独立电商企业，依托平台的网上商户，超过80%的也是亏损的。

面对这样的先天不足，纯电商模式只能是一种过渡模式。那苏宁应该如何发展呢？答案就在各位同学的手中，对，就是以手机和Pad为代表的移动互联网。我这里有组数据，截至今年7月，中国移动互联网用户数达到8.2亿户，智能手机年销售量达2.7亿部。我们意识到这将给全球零售业带来一个巨大的发展契机，推动零售业的第三次浪潮已经到来，那就是线上的便利性与线下的体验功能完美融合的O2O模式。而且相对纯电子商务这种过渡性的商业模式，O2O或许会是未来相当长时间里零售业转型变革的方向。

苏宁认为，电商并不是真正的未来，而是一种过渡模式，只有线上线下的结合，才是转型变革的方向。

苏宁开始电商其实一点儿都不晚。

早在1999年的时候，苏宁就开始了网络销售的尝试。苏宁曾经承办新浪电器商城。但直至2005年，苏宁才开始建立电子商务部门，并且开发了网上商城，销售区域仅面向南京——这个苏宁的总部城市。2006～2007年，苏宁逐步推广网上商城，直至2009年，苏宁宣布将网上商城更名为苏宁易购。

而这些年，其他竞争对手在干些什么呢？

新蛋网：

2001年美国新蛋网成立，这是一家主要从事3C业务的销售网站，在美国它是规模最大的IT数码网上零售商。2011年，这家美国公司实现了25亿美元的销售额。

2004年，新蛋网开始在中国设立子公司，2006年新蛋网中国的月度销售额超过了1000万人民币。2007年，新蛋网在中国筹建物流，实现了物流的全国覆盖。

京东：

2004年，刘强东开始在北京开辟京东多媒体网，直至2005年年底，这个网站的日订单处理量终于突破了500个。两年后，这个网站的日处理量突破3000个。

真正的变革出现在2007年，8月京东获得了今日资本数千万美金的融资，同年开始建设北京、上海、广州三个城市的物流体系，随后启动了移动POS上门刷卡服务。

淘宝：

2010年元旦推出了淘宝电器城。据淘宝商城的统计报告，2010年业务交易额增长400%，其中家电产品中，电视增长了8.3倍，生活电器增长了11倍，厨房电器增长了15.7倍。

反应最为迟缓的是国美：

2010年11月21日，世纪电器与国美达成收购协议，国美以4800万人民币收购库巴网80%股份。

为何苏宁早在10年前就开始涉足互联网销售，却迟迟未能获取真正的网络销售份额呢?

价格重压是关键的问题。张近东曾在一次采访中说："几年前，我们关注的是如何超越实体同行，现在人们的关注点已经转向网上的淘宝等新对手，对电子商务的发展，投资者是有顾虑的，我们的股价下跌，很大程度上是网上同行的表现拖累的。但我们不能停留在过去，我们一定会战斗到底！"（尹生《张近东的战斗》）

一方面受制于线上线下价格的无法同步；另一方面，张近东遭遇了市场投资者的回报率和利润数据重压。

在弘毅投资的年会上，张近东曾经和在座朋友打赌，说如果2012年易购的增长速度不超过京东商城，将给每人送一台即将上市的OLED电视。

而让他措手不及的是，这个赌注被媒体网络放大为：如果今年苏宁易购的增长慢于京东，张近东愿意将公司送给刘强东。刘强东立即抓住了这个调侃的机会，称如果京东赢了，将把赢得的苏宁股份中的1亿股均分给转发微博的人。刘强东的这一营销策划成功地引起了大众对京东的关注。而令人惊讶的是，张近东却沉默不语，白白错过了对于易购的营销时机。

在《张近东的战斗》中，尹生提及了张近东在思路上的几个误区：

第一，他认为电子商务仍然是商务，而这正是苏宁近20 年积累起来的最宝贵资产，如有超过1 亿曾经至少一次从苏宁购买产品的用户，行业数一数二的供应链管理（苏宁2011 年收入超过900 亿元，是同期京东商城的3 ~ 4倍），数万人的售后服务队伍，遍布全国数百个城市的物流体，这些任何一项都是京东商城这样的纯网购企业不得不花巨资和漫长的时间去解决的。

第二，相比淘宝和腾讯，他认为苏宁的优势是后台系统。不过他同时又努力淡化竞争的火药味：竞争不是你死我活，不是消灭对手，而是打造自己的独特生态圈。具体来说，与淘宝的全开放平台不同，开放平台在苏宁将只是辅助，在大家电、3C和图书等集中化程度高、适合独立经营的产品领域，苏宁将自主经营，而在母婴、服装等长尾商品较多且专业要求较高的品类上，则会与垂直网站合作运营。

第三，无法解决左右手的互博。他也很少使用空降部队，目前苏宁易购70% 的员工都来自苏宁零售体系。他的理由是，网购也是零售，在这方面没有谁比苏宁的员工更懂行。但担忧者则认为，要打破苏宁既有风格，适应电商行业的快节奏，了解互联网，必须大量引入外部血液。

对于张近东而言，这是苏宁的“创新者窘境”。面对内部艰难的转型，外部强敌的压境，张近东决定把2013年定义为互联网化布局年，启动“一体两翼互联网路线”。

苏宁的“一体两翼”互联网路线值得关注

张近东把自己的全副身家，都押注在O2O上了。他推出了苏宁的O2O标准，即商品统一、价格统一、促销统一、支付统一、服务统一。

做零售的人都知道，这是破釜沉舟、死而后生的决定。相当多零售商在推行电商时，遇到的最大的阻力不是来自于用户，而是来自于线下的渠道。线下渠道非常不满线上的低价，坚决“捍卫基于信息不对称的既得利益”，如果这些渠道（或者门店）造反，势必影响基础销售业绩。所以很多零售商选择了“线上线下不同款”的方式，来规避“线上线下不同价”的问题。

但是，你的线上可以不和你的线下同款，却无法阻止别人的线上和你的线下同款，这必然造成“自己的门店变成别人的体验店”的尴尬局面。一切用创造新的信息不对称，来捍卫老的信息不对称的利益的方式，在历史大潮中，都是螳臂当车，饮鸩止渴。

张近东显然看清了这个问题，他决定“商品统一”，进而“价格统一”，是非常艰难却重大的决定。他解释他是如何来做的：

虽然O2O的概念已经提出很多年了，但至今依然很少有企业能完整地实施。这是因为想要完整地实施O2O必须满足两个条件：一是必须有两个“O”，即同时在线上和线下都拥有自身能够掌控的渠道；二是必须实现两个“O”的无缝协同和高度融合。而中国大多数企业要么只有线上，要么只有线下，同时兼具的屈指可数。

而我们在线下排名第一，线上排名前三，综合优势明显，剩下的就是如何打通被形象称为左右手互博的壁垒了。为此从今年年初开始，我们做了三件大事：首先是破除组织壁垒，一季度再造组织架构，实现了双线渠道的全面融合、资源的全面共享、成本的统一核算；二是破除价格壁垒，6月推行“双线同价”；三是破除体验壁垒，将原先纯粹销售功能的店面，升级为集展示、体验、物流、售后服务、休闲社交、市场推广为一体的新型互联网化门店，如全店开通免费Wi-Fi、实行全产品的电子价签、布设多媒体的电子货架，利用互联网、物联网技术收集分析各种消费行为，推进实体零售进入大数据时代。

他认为O2O是个魔法手杖，一旦传统零售业插上了互联网的翅膀，曾经被认为是巨大包袱的线下资源转瞬之间就能点石成金，天平将重新向拥有线上线下全渠道的零售商倾斜。

两个O是他的两翼，那么“苏宁云台”，一个开放给第三方商户的平台，就是他的体。他说：

苏宁全面互联网化本质上就是要按照开放平台的方式把企业资源最大限度地市场化和社会化。其中包括把企业内部物流转型为第三方开放物流，全面加快建立从消费者到商户的端到端的金融解决方案和增值服务能力，以及将对大数据深度挖掘的能力向合作伙伴开放等，从而集聚品牌商、零售商和第三方服务商的资源与智慧，为消费者提供丰富的商品选择、竞争性的价格比较和个性化的服务体验，从而实现商流、物流和资金流的整合。

另外一头，2013年年底，刘强东在沉寂一年后突然高调亮相。在媒体发布会上刘强东宣布，京东将在2014年完成五件大事，即移动与大数据、金融、O2O、渠道下沉以及国际化。这意味着，京东已然将布局从PC端转向了移动端，同时也启动了在金融和渠道两个层面上与苏宁和阿里巴巴的直接对抗。

2014年1月30日，京东向SEC申请上市，正式启动了上市进程。招股书显示，京东2013年实现了6000万人民币的盈利。而这部分盈利大部分来自于利息和政府减免税收。其电商业务仍然亏损3亿多人民币。

谈到未来，他说：

我认为，商业发展的规律将是，小集贸式的业务模式注定是要走向衰败的。未来必将是实现货物的有组织的流通，实现标准化的服务。消费者最终的选择一定是把品牌作为第一个理由。所以未来的10年应该说是整个中国零售业最好的、黄金的10年。过去30年属于制造业，但是未来10年，我相信，中国一定是属于零售行业的。

未来的10年，我相信中国必然要转移到消费品时代，那种无序的、不标准的、没有品牌的，不能给品牌所有者和消费者带来增值的集贸式零售业态会逐步走向衰落，取而代之的，中国一定会出现巨无霸式的零售企业，能够占据中国标准化商品60%～70%的市场份额。

我相信，未来10年一定会出现三件事情，第一就是未来的中国一定会出现几家销售收入几千亿，甚至上万亿的零售企业。第二，未来10年，最迟不超过20年，中国NO.1的零售企业一定是全球零售企业的NO.1。第三，京东将成为世界级的零售企业！

面对京东的飞速发展，疯狂踢门，苏宁能够死扛迎战吗？几场大战之后，苏宁已经充分意识到"互联网化"的必然性，以及自己作为"传递价值"环节，首当其冲被冲击的性质。张近东的改革魄力非常令人惊叹，但是苏宁从线下走往线上，再到O2O，这条路一定不是坦途。

可是，不这么走，又能如何走呢？传统企业互联网化，要有已死的心态，重生的决心，才能自己革自己的命。从这个角度来看，我是非常敬佩张近东的。

互联网金融：到底是颠覆，还是改良？

资金流的平台正在发生剧烈变化。

有人说，金融行业是除了国家政权外，最高级别的商业模式。这个行业聚集着可以说是全世界最优秀的人才，江湖上也更是流转着金融业的精英袭击一个国家的金融体系造成其金融危机，在全球范围内24小时不间断地高频交易，消灭一切套利空间黑洞，从而获得比印钞机更稳定的巨额收益。更有人撰书称，整个世界的政治格局，其实掌握在少数几个金融家族的手中。

面对这样的巨无霸行业，马云说了一句名言：

> 如果银行不改变，我们就改变银行。

金融业真的会被互联网颠覆吗？“高端大气上档次”的金融业人士给出了最嗤之以鼻、最不屑一顾的反击：

你觉得颠覆了谁？又没创造新产品，又没开辟新领域，又没绕开现有银行体系，你们不过是把10年前银行干过的违规的事情搬上了网。

那么，互联网到底是可以颠覆金融业的“二向箔”呢，还是只把违规的事情搬上了网呢？

我最近在很多传统金融机构做了不少的“传统企业互联网化之道——互联网金融篇”的培训，也有很多激烈的讨论。我简单地举几个例子总结一下。

阿里小贷和拍拍贷抢占贷款蛋糕

银行的主要业务有两块：一块是利差业务，一块是支付业务。在利差业务中，中国所有银行的存款利率和贷款利率，都是国家统一规定的。以一年期为例，2014年，全中国的银行的一年定期存款利率都是3%，一年贷款标准利率是6%。也就是说，国家“规定了”银行的利率差是在3个点左右。在这3个点保证的情况下，银行追求的是存款、贷款规模，而不是运营效率。

但是如果前面讲到过的余额宝之类的产品造成了事实的存款利率市场化，也许也进一步加速了国家放开存款利率，下面的口子打开之后，上面的口子会随之上升吗？

当然不可能，虽然银行有“上浮”的权力，但是上浮最高30%，也就是一年期贷款，利率最多是7.8%（6%×130%）。再往上，就不行了。存款的成本继续上升，存贷差必然被压缩。

其实这还不是本质问题。更大的问题是，贷款利率是否也有可能被放开？

阿里小贷也许不是中国小额贷款公司里最赚钱的，但一定是最有名的。也就是说，阿里巴巴（以及腾讯、百度）一边用余额宝赚钱，并且推动了银行获得存款的事实利率的上升的同时，另外一边，也在做着贷款的业务。

我们算一笔细账。阿里小贷（以订单贷）为例，每日贷款利率万分之五（相当于年化18%），与信用卡利率相同。每个客户（淘宝卖家等）平均每年的贷款次数为30次，平均每次占款时间为4天，共计120天。阿里宣布，阿里小贷的全年实际融资利率成本为6.7%。

这个数字已接近央行一年期贷款基准利率，目前为6%。只有少数大企业才能从银行以基准利率融资，小微企业常用的小额贷款公司和民间借贷，年化利率在20%左右。在阿里小贷融资真的能做到6.7%吗？阿里小贷产品利率多在日息万分之五左右，换算成年化利率大约18%。从18%到6.7%，这中间发生了什么？阿里巴巴解释说：

> 很简单，让小微企业需要钱时可以顺畅拿到钱，不用钱时可随时还回来，而不无意义占用资金。

也就是说，小微企业其实全年都需要周转资金。如果向银行贷款，可能一借就是一年，但是资金不断在周转，账上也常常会有余额。阿里小贷创立数据加网络的模式，通过数据挖掘小微企业信用，全年无休服务，用户申贷、支用、还贷均可在网上完成。大多数微贷产品，支持随借随还，以日计息。这样一来，虽然年化利息18%，但是一旦有回款就把钱放回阿里巴巴，停止计息，造成了银行收365天利息的情况，阿里巴巴平均只收123天利息。这样算起来，年化实际利率，只有6.7%。

我们终于再次领略到了基于大数据的“互联网减法”的力量。因为沟通效率的极大提升，贷款可以像存款的“随存随取”那样，做到“随贷随还”。这样的效率，让大量在企业端无谓占用的资金，回笼到阿里，再次高效率地流转起来。基于大数据，阿里小贷通过少量多次的方法，使资金运行效率非常之高，帮助小贷用户，事实上降低了融资成本至6.7%。

2014年2月20日，阿里巴巴金融旗下的阿里小贷最新数据出炉，2013年阿里小贷全年新增投放贷款1000亿元。截至2014年2月中旬，阿里小贷累计投放贷款超过1700亿元，服务小微企业逾70万家，户均贷款余额不超过4万元，不良率小于1%。

同时，阿里小贷也首次对外披露了其如此高效率的秘密武器：基于互联网和大数据的放贷模型——“水文模型”。

顾名思义，水文模型参考了城市的水文管理。比如，某河道水位达到某个值，但人们无法依据这个数值采取应对，是准备防汛还是不做任何动作。也无从依据该数据判断趋势，下月河道水位走高还是走低，会否影响防汛等河道管理的措施。

但如果将这个值放到历史数据及周边河道数据中，就可以做出一定判断：如比过往同期，这个数据是否变高了，高了多少；以往这个时期后，河道水位又是怎样变化的。每个河道的趋势，都可依照这一方式做出判断。

阿里系统考虑为客户授信时，结合水文模型，通过该店铺自身数据的变化，以及同类目类似店铺数据的变化，判断客户未来店铺的变化。

如过往每到某个时点，该店铺销售会进入旺季，销售额就会增长，同时每在这个时段，该客户对外投放的额度就会上升，结合这些水文数据，系统可以判断出该店铺的融资需求；结合该店铺以往资金支用数据及同类店铺资金支用数据，可以判断出该店铺的资金需求额度。

举例来说，某手机销售店铺，在“双十一”达到300万元销售额，远高于平时。单看这个数据给予用户分层或授信，很可能做出错误判断。

而如果把这个店铺放到水文模型中，去观察其不同时间、季节的经营数据及其所处类目同类店铺的数据变化，也许平常该店铺经营额并不高。和过往“双十一”的数据相比，店铺今年营业额或许反而下降，和同类目店铺相比，增长或许还没有其他店铺快。

当然，阿里小贷仅限于电商用户，并不是所有人都能从阿里巴巴贷到款。但是我们必须注意到，阿里巴巴已经在某个群体、某种程度上，把贷款利率定在了6.7%，帮助70万商户解决了贷款问题。

6.7%算低吗？其实还不算低。2014年，在美国的购房贷款利率可以低至3.75%。而在一两年前，这个利率达到过3%以下。

想想看，有人能把钱以6.7%的利率“借给”（更准确地说，是投资，是购买）货币基金，还有一些人能以6.7%的利率从一些机构“贷出”款项。存款、贷款利率都在走向市场化。中国大多数银行存在的基础：3%左右国家保证的利差，正在被蚕食。

事情还不止如此，P2P贷款是互联网减法下的金融新尝试。

《经济观察报》对P2P信贷的介绍：

P2P信贷模式是近年来逐渐兴起的一种模式，其摒弃了银行这一传统信贷媒介，借贷双方通过P2P信贷平台发布信息，自主成交。这种模式的产生源于利率体系的僵化和金融机构的过度垄断使得面向个人和低评级企业客户的资金供需匹配效率较低。P2P的资金需求方是信用良好但较难从传统金融机构获得资金支持的个人和小微企业;资金供给方是希望能获得较为固定的收益率的普通投资者。

在一个借贷流程中，P2P信贷公司负责对借款人的信用水平、经济效益、经营管理水平、发展前景等情况进行详细的考察，然后将信息提供给资金出借人，并收取账户管理费和服务费等。现阶段，按照平台责任大小，可分为三种：第一种是无担保在线模式，以拍拍贷为代表；第二种是有担保在线模式，以红岭创投为代表，是现阶段的主流；第三种是线下模式，以宜信为代表。

由于P2P模式部分弥补了传统借贷中的信息不对称，降低了参与门槛和渠道成本，分散了信用风险，并拓展了投资渠道，因而，受到了投资供需方的欢迎。截至2012年年底，全国网贷平台已超过300家，2012年全行业的成交量达到200亿元。

目前，P2P公司还处在野蛮生长期，一些公司存在违规行为，甚至有非法集资的嫌疑。未来，随着法律体系、行业监管体系和个人信用体系的健全和匹配，P2P信贷模式的整体风险会进一步下降，从而进入一个更高层次的发展阶段。

关于拍拍贷的创业，《中国企业家》介绍得很清楚：

2006年，奔跑在创业路上的顾少丰无意中关注到了诺贝尔和平奖，那一年诺贝尔和平奖归属于创立穷人银行格莱珉银行的孟加拉银行家尤努斯。尤努斯将27美元借给45个穷人，均获得了按时还款。这个故事让顾少丰开始思考，这种小额借款的模式能否在国内推行。于是顾少丰摇醒了大学时睡在他上铺的张俊，又找来了高中同学胡宏辉。

当时全球知名的P2P平台Prosper和Lending Club都尚未面世，并没有什么可供参考的样本。几个工科男只是模糊地感到金融领域的开放、民间借贷的阳光化、互联网与金融发生交汇都会是未来的大趋势，却也想不清自己的业务模式。

2007年6月，拍拍贷在上海注册成立。

就是这么几个从来没有学过金融的IT男，创立了中国第一个P2P借贷网站。创业艰难，一路并不好走，这期间，顾少丰、张俊还常常打电话、发邮件咨询我一些战略和管理的问题。我当时觉得这件事情非常不靠谱：没有任何抵押或者担保，就把钱借给一个陌生人？这事我看很难。

我想，我当时的想法能够代表绝大多数金融界人士：这样哪行！

以拍拍贷为代表的P2P借贷网站，最重要的核心资产，就是一套“P2P的水文模型”，根据各种各样的个人信息，来建立信用等级，降低坏账风险。随着用户越来越多，模型越来越完善，坏账率理论上也会越来越低。

2013年，拍拍贷交易规模10.46亿元，营收3107.8万元，用户超过200万，预期不还率，也从2008年的3.41%，降到了0.98%。

我们可以看到拍拍贷直接牵起了借款人和贷款人之间的桥梁，完全去掉了银行的媒介功能，而它赖以发展的，和阿里小贷一样，都是银行一直最自以为豪的"信用管理、风险控制"能力。而互联网的高效率沟通、大数据分析，让更科学、高效的风控成为可能。

"互联网减法"的力量，正在由易向难，逐步消除金融业中的信息不对称，甚至彻底"去媒"，造成事实利率市场化，蚕食存贷差业务，蚁噬传统金融根基。

支付宝、微信支付抢占支付蛋糕

除了存款、贷款业务外，银行的另一项关键收入，就是支付，并通过支付，收取佣金。信用卡就是典型的例子。信用卡为用户提供了付款的方便，商家为此付出一定比率的刷卡佣金。这是一块非常大的市场，这也是为什么地铁口、超市前，很多人在想方设法拉你办卡的原因。

在这个领域，互联网怎么可以缺席？还是阿里巴巴，支付宝作为淘宝的一个重要的支撑体系已经发展了很多年。我们把独立于银行的支付工具，叫作第三方支付。支付宝是最著名的第三方支付，主要解决了在电商和其他的一些场景的"远程支付"。而另外一位著名创业者孙陶然的拉卡拉，通过在手机上加装一个小小的设备，把手机变为POS机，解决了包括收银在内的很多场景的"近场支付"。

2013年上半年，第三方支付的规模，到达了6.9万亿。于是2013下半年，微信支付开始加入了战斗，迅速地积累用户规模。

2014年春节，一个“微信红包”的小游戏，让微信支付实实在在地火了一把。新年前的这几天，大家一边发红包，一边抢红包，一边还在赞叹：微信支付的产品经理实在是太牛了，让用户们心甘情愿地自己掏钱发红包给朋友们，教他们学习使用微信支付以及绑定银行卡。关键是，钱花了，大家还都很高兴！有人银行卡往微信支付的转账限额（比如招行每天限额5000元）很快用完，然后戏称，这是他充值最多的一个网络游戏。

一个完全不花钱的微信红包，据说帮助微信支付绑定用户信用卡达1亿张，把支付宝前8年的事情全做了。第三方支付的市场打得不可开交。

这才刚刚开始。

春节之后，阿里巴巴投资的快的打车，和腾讯投资的嘀嘀打车的补贴价格战，正式进入第三轮：

快的打车宣布：乘客每单奖励13元（每天两笔封顶）；北京、杭州、合肥的司机首单奖励50元，其他城市司机首单奖励20元；北京的司机高峰期每单奖励11元，非高峰期每单奖5元（每天10单封顶）；上海、杭州、广州、深圳的司机高峰期每单奖10元，非高峰期每单奖5元（每天10单封顶），每天15000个随机双向免单奖。

嘀嘀打车宣布：乘客每单获得12～20元不等的随机补贴（每天三笔封顶）；新乘客首单立减15元；北京、上海、深圳、杭州的司机每单奖励10元（每天10单封顶）；其他城市的司机前五笔每单奖励5元，后五笔每单奖励10元（每天10单封顶）；新司机首单立奖50元（所有城市）；连续7天使用且满10次，可获得微信游戏“全民飞机大战”高端战机一架等礼包。

这对很多打车的人，尤其是对出租车司机来说，是不可思议的。有的人甚至用快的打到车后，上车再给司机补一个嘀嘀订单，从而可能让这次打车完全免费。为什么会有这么神奇的事情发生呢？

其实，这不是嘀嘀和快的之间的战斗，而是腾讯和阿里巴巴的战斗，是微信支付和支付宝之间的战斗。

有人算过一笔账，粗略估算，一个城市一天打车的交易额是600万元，30个主要城市就是1.8亿，一年365天，就是657亿。支付宝和微信支付，是用快的打车和嘀嘀打车做工具，来抢占一个重要的支付场景。跟未来的前景相比，获得一个新客户付出的几十块钱成本是很划算的。

我们可以越来越清晰地看清楚支付宝、微信支付的战略脉络：占据越来越多的支付场景！

2014年2月底，腾讯宣布入股大众点评20%。众多评论家将这一举动看作腾讯对大众消费场景的又一突破。而在我看来，这是腾讯将支付工具升级的又一关键布局。我们想象一下，当众多的大众点评商户都可以用微信支付的时候，他们还需要POS做什么？

我有一次在上海徐家汇吃饭，进了餐厅发现每张桌上都有一个不一样的二维码。我按照提示打开了淘宝旗下的"陶点点"，发现，我居然可以在手机上直接看到这家餐厅的菜单，并且直接点菜。点完菜，直接用手机拍一下这张桌子上的二维码，餐厅后台就接收到指令，直接把菜端到我们桌上来了。吃完饭，再用支付宝完成支付，完全不需要现金和信用卡。

颠覆的产生，不是因为动了银行的蛋糕，而是抓走了大众支付的通道。银行、信用卡被管道化，慢慢沦为支付宝或者微信支付平台上的内容提供

者，整体平台基石已经被彻底挪空。在越来越多的支付场景中，用户会在支付宝、微信支付中二选一，对普通用户来说，选哪家银行的信用卡，已经变得越来越不重要。只有一点：能够和支付宝、微信支付绑定即可。这就叫作管道化。在这个阶段，支付宝、微信支付还是要和发卡行分钱。

可是管道化并不是结束，今天微信支付和支付宝都有第三方牌照。但是如果有一天，腾讯、阿里巴巴进一步拿到银行牌照呢？那么，我预测，它们必然会发行“支付宝储蓄卡/信用卡”和“微信支付储蓄卡/信用卡”，把大家的工资每月自动吸收过来，通过可以赚钱的阿里巴巴余额宝、腾讯理财通管理起来，需要买东西的时候，通过支付宝、微信支付直接完成。一个闭环形成的时候，传统信用卡对很多人来说，就真正多余了，会从主要支付手段，沦为以备不时之需的手段。在这个阶段，支付宝、微信支付已经完全不需要分一分钱给银行了，因为他们自己就是银行。

颠覆已经开始了，而且不会回头。实际上，互联网公司已经开始迫不及待地推进这个转向了。

最近苹果在iPhone 5s上搭载了指纹读取器，目的就在于取代信用卡签名，届时所有的苹果用户在线下消费时都可以直接用指纹付账。谷歌也开发了自己的电子钱包，并且和万事达卡公司达成协议，拥有了数百万零售商。

所以，支付宝、微信支付，就是未来的信用卡。

如果它们真的有一天能做到这个地位，那么很多银行的支付业务也将受到巨大的冲击，重新考虑自己的生存问题。

写作本书的时候，我拜访了一些互联网界和传统企业的精英，也翻阅了大量他们的发言。我摘取部分传统金融领军人物的观点，送给大家：

“我已经深切感觉到，互联网金融的发展会彻底颠覆传统商业银行的经营模式、盈利模式和生存模式。”

——交通银行董事长牛锡明

“通过在平台上收集交易数据，一些电子商务公司意图将其作为扩展业务至支付与金融服务等金融领域的基础。现在的情况就像18年前一样，银行将会觉醒。”

——工商银行董事长姜建清

“第一，金融机构会小型化、社区化、智能化、多元化，因为大的网点已经很难经营了。第二，未来5~10年现金和信用卡会消失一半。第三，我们再大胆一点预测，20年内，银行或者是大部分的银行营业网点的前台将消失，后台也将消失，保留中台（即服务，因为服务的核心是中台），前后都可以外包出去。”

——平安银行董事长马明哲

“就像当年银行的出现改变了山西票号一样，互联网金融也正在改变着传统银行业。因此，面对新变化、新挑战和新机遇，商业银行必须做出改变，以更加开放的姿态去拥抱互联网金融。”

——中国银行副行长王永利

同时，我也私人邀请一些互联网金融的领袖，对传统金融业都说一句话，只说一句话。他们说：

> “如果我是银行我会和第三方合作，银行的竞争对手不是第三方是银行，谁能拉拢第三方谁赢。而且合作时要开放资源给第三方，不要担心会拐走自己的用户，拐不走的。”
>
> ——刘润专访拉卡拉创始人孙陶然
>
> “忘记过去赶紧顺应民意，拥抱互联网金融，将爽的体验贯彻执行到底！”
>
> ——刘润专访好贷网创始人李明顺
>
> “10年内，传统金融依然是老大，好好享受这日子！”
>
> ——刘润专访拍拍贷CEO张俊

虽然，互联网，金融，都是精英汇聚的行业。但是，不管是任何行业，不变，则亡。

传统媒体：线下时代的流量分发者

相比商业地产、零售和制造业，传统媒体经受的打击，就更加惨烈了。写这个案例不仅是让大家看作为传统行业的传媒业的现状，还希望能坚定大家在互联网上展开社会化营销的决心。

2013年12月23日，微信上开始疯传一篇文章《没有掌声的会议》。作者是《解放日报》旗下地方日报《新闻晚报》的一位匿名记者。这家报社的记者在22日突然接到了报纸停刊的消息。随即，第二天的下午，报业集团的社长裘新亲自到报社全体大会上宣布了这一消息。这篇文章是这么写的：

> 这是一场全体采编人员参加的大会。报业集团的新社长裘新亲自宣布了休刊的消息。他首先对《新闻晚报》团队的顽强拼搏、创新改革予以肯定，然后解释了自己上任以来的工作，包括邀请第三方机构以及相关市委领导对旗下各家报纸进行调研，对集团现有媒体和资产进行细致梳理。据裘新称，

2012年报业集团旗下一半报纸亏损，一半报纸获有收益，到2013年前三季度，亏损增加。而晚报市场容量有限，所以做出休刊决定。

裘新读完了手中的讲稿，坐在台上的《新闻晚报》总编寿光武欲带出掌声，但与往常不同，台下在座的采编员工没有一人鼓掌。领导的双手僵在胸前，然后慢慢收下。无言的几秒钟后，作为主持人的高韵斐接下话筒继续议程。随后，相关领导模糊地谈了《新闻晚报》员工的去留问题，主要的方向是内部竞聘。

《新闻晚报》停刊的消息在媒体行业内引发了不小的震惊。早在2008年，美国《新闻周刊》以1美元的价格贱卖的时候，中国的媒体人还拥有一种体制内的优越感。“体制内的媒体是不可能破产的。”仅仅5年时间，中国的媒体行业如雪崩般地溃败。不论是体制内还是体制外，中国的媒体行业都经历了如同刀削斧凿般的革新之难。

并非只有《新闻晚报》这一家。

2013年年底的另一个引发争论的媒体行业新闻来自《中国经营报》。这家以“个人创业”起家的中国经济周报，曾经稳坐中国财经报纸的第一名。在过去10年，这家报纸与《经济观察报》《21世纪经济报道》一起，是中国商业领域不可缺少的一份媒体。

这家媒体的掌舵人李佩钰在年终《内部改革动员令》中这样说：

想必大家已有所耳闻，我们即将迎来一次大范围的组织机构调整。这次调整不是针对个别部门或某些人，而是自上而下，涉及中国经营报社全体，我们所有人。

请想象一下，明年，这个报社没有基于传统官媒的各层干部了，广告部门没有了，取而代之的是像互联网公司一样形形色色的项目团队。请不要怀疑，这就是我们的未来，是我们无可回避的改变。

这些年，报业同行们一直在纠结一件事：我们越来越像是在用互联网的手段生产报纸，报纸所代表的精致阅读体验逐渐消失。比起那些纯粹的网络内容来说，报纸似乎只是多出了排版、印刷、配送这几道工序，而恰恰是这几道工序，占用了大量的人力、物力，使传播过程变长了，使内容新鲜程度变差了，使得用户获取成本变高了。这种情况让人沮丧，但是在沮丧之后，为何不尝试去改变，反而要一再地迁延呢？……

李佩钰认为，未来媒体趋势有三个：第一，传统平面媒体将成为产品组合之一；第二，专业化永远是主流；第三，转向为客户定制的立体整合传播方案。

为此，她的对策是：转向新媒体，把影响力转移到线上，把收入模式转移到线下，把单一广告转为协同利润模式。

李佩钰说：“这一次机构调整唯一的原则就是以客户需要为中心、为导向。未来，我们的所有业务都是围绕客户需要展开的。”

也正是这段话引发了传媒行业的众多争议。一直以来，媒体人以拥有“防火墙”而自豪。也就是说，媒体内容采写的独立性“至高无上”，与广告主利益有着决然清晰的界限。简单地说，媒体通过“独立报道”获得发行量，然后再将发行量“影响力”贩卖给广告主。

而现在，让很多人大惊失色的是，传统媒体宣称要转型，宣称要将编辑和广告人员绑在一起，形成项目小组。这不是组织结构的轻微调整，这背后意味的是媒体本身商业模式的巨大转型——为客户定制内容和报道。虽然我们还无法在这么短的时间内看到这家报社变革的成效，但至少我们能清晰了解的是这家媒体变革的决心。

这是最近福布斯中文版总编辑周健工先生在他的文章《媒体将经历最痛苦的十年》中所引用的数据（见图16）。中国传统媒体的销售额度正在迅速地下降，这个转折点发生在2010年，这一年中国的智能手机使用量开始爆发。媒体正在如雪山般消融。

图16　2010年，中国传统媒体的销售额开始迅速地下降

传统媒体正在陷入困境。如果细想一下最近我们获取时事信息的途径，有多少是来自于传统媒体的？越来越多的人通过微信的订阅号、朋友圈信息来形成内容圈。在微信或者Facebook这样的系统中，信息由谁来提供已经变得模糊，人们更在意的是，这条信息是什么，对于我和我的朋友有没有价值。基于用户产生的信息内容，往往具有最大的传播价值。

更重要的是，传统媒体的消费场景消失了。当下，我们如何消费信息？清晨，你打开手机，看到的新闻来自于微博和微信；你出门跑步，你的手环正在记录着你的心跳、步频，并与过去一个月、一年的数据做对比；当你离开家门的时候，对着打车软件说出目的地，很快一辆车停到你的面前；你忘记自己是否关门，对手机问了一声，它告诉你，门关好了，供电系统正常。

这些都是信息，就像最近福布斯中文网总编汤维维在与王建硕（百姓网的创始人）探讨媒体的变革时，说过的一句话：运动手环能写出更好的个人健康报告和养生建议，我为什么还需要看《健康导报》呢？机器处理信息的能力远远超出了人类，这就是我们当下和未来的世界。一切被数据化了，我们通过数字来操控现实生活；同时，我们也被数字所管理。

互联网对信息传播做了大规模的减法，传统媒体的C端用户正在瓦解，越来越多的人不再看报纸和杂志；对于读者而言，他们无所谓信息是谁提供的，而在意的是他能够为他们的朋友提供什么。

传统媒体制作成本年年翻番，传统新闻制作流程长，成本高，需要雇用高品质的记者和编辑，需要支付高昂的印刷成本。而互联网的新闻往往源自微博和微信，内容的整合、分析，也成为信息消费的重要方式。当竞争对手，更快、免费，同时又几乎没成本的时候，你怎么和他竞争？

同时媒体的B端客户被分流，越来越多的广告商将巨额广告费用投入到了互联网网站上。

传统媒体的困境在于，无法将传统的渠道优势转为互联网抓取用户的优势。进而，如果贸然跳进互联网，必然遭遇门户网站、免费新闻的斯杀和围剿。

与此同时，传统媒体还面临左右手互博，商业模式之争。最让主编纠结和头疼的问题是，当我有着体量庞大的销售以及赖以为生的广告的时候，我怎么去开拓新的互联网产品？我能让内容免费吗？我能售卖CPM广告（按照有多少人看到你的广告来收费）吗？我怎么说服我的广告客户，网络上的广告与传统报纸广告有着相互促进的关系？当网络广告可以为客户提供精准的用户特征和数据分析的时候，我能清晰描述报纸用户的阅读形态吗？

假如，我们将传统媒体看作一家可口可乐公司。那么他会警觉地发现，第一，人们不再爱喝可口可乐；第二，人们对于瓶子的形状和饮料的口味都有着千奇百怪的细节个体的要求；第三，人们不再通过大卖场和小卖部来购买可乐。可口可乐需要在新的生态中，建立自己的品牌和辐射方式。这就像是星系爆炸后的宇宙，辐射方式和运行轨迹是相对的，但也因此而产生了新的生态结构。

媒体，这个因信息不对称而生的行业，遭受着“互联网减法”最直接、最残酷的迎头痛击。互联网的最大影响，就是消除距离，极大地提升沟通效率，从而消灭信息不对称。在互联网“速度，用户，去中心化”的高效率趋势下，传统媒体，尤其是报纸这种“低效率解决更低效率的信息不对称”的商业模式，必然会面临致命的打击。

那么，在新闻变革的浪潮中，美国媒体是如何寻找出路的呢？有两个标志性的媒体颇受关注：一个是《华盛顿邮报》，一个是《纽约时报》。

成为高端内容制造商

2010年，《纽约时报》宣称最终要取消印刷版本，取而代之的是互联网化的阅读体验。他们推出了付费墙，用户必须要通过订阅才能看到全部的报纸内容。2012年的数据显示，纽约时报的电子订阅收入已经超过了广告收入，这也成为让传媒人欢欣鼓舞的一件事情。至少，我们看到了传统媒体在互联网的浪潮中生存的可能。但这没什么值得欢呼的。媒体并没有因此拥抱互联网化，而只是增加了一种互联网上的呈现形式而已。

成为信息平台的结构端点

2013年8月，亚马逊公司的创始人贝索斯宣布，将以2.5亿美金私人收购《华盛顿邮报》。尽管有媒体称，贝索斯此次以个人名义出手，是为了朋友情谊，救经营困顿的《华盛顿邮报》于水火之中。但是如果我们细读贝索斯当天的新闻发言，就可以看到这位用互联网改变出版业的创业者，正在寻找新闻媒体的新出路：

> 未来几年，《华盛顿邮报》不可能再一成不变。不管有没有易主，这份报纸必须改变。互联网正在变革新闻行业的几乎所有元素：例如缩短新闻制作周期，侵蚀这个行业长期依赖的收入来源，触发各类新的竞争，而不少这

类新来的竞争者只需承担有限的，有些甚至无须承担任何新闻制作成本。

对此，我们没有一份线路图，而绘制这张地图也绝非易事。我们必须创造，这意味着我们必须实验。读者是我们的试金石，要理解读者关心什么，从政府、地方领袖、餐馆开张、童子军团、生意、慈善、州长、体育，再从那里回溯往前。对于这项创造机会，我欣喜至极且乐见其成。

也有评论者将此举看作意义非凡，是互联网向传统媒体扩张的又一力证。与此同时，《华盛顿邮报》此刻每一个信息的端点，都有可能成为下一个新商业模式的起点。

无论是成为高端内容的制造商——销售品牌，还是成为信息平台的信息节点——推动社群商业模式，这都不失为一种传统媒体的转型尝试。对于传统媒体而言，原来的贩卖发行量的模式已经无法再持续下去。

Facebook每月的页面浏览量超过了1万亿，占整个互联网流量的至少25%。有了这样高的使用率，谁还需要付费墙（pay walls，新闻提供商推出的一种网上付费阅读模式：网络用户需对在线内容付费才能阅读，也即为网上的内容阅读设立收费门槛——译注）这个新闻行业最新的救命稻草呢？

传统媒体本质上，就是“线下时代的流量分发者”。这种印刷、物流的低效率分发，遇到互联网，不管怎么优化，就像太极拳遇上机关枪，毫无还手之力。

更多的“新媒体”正在以非媒体的形态崛起。比如：

Summly：构建入口

去年雅虎以3000万美金收购了这家公司，这家公司是运用相关算法，生成在手机上显示的新闻摘要。这种摘要不是通过编辑生成的，而是通过计算法。Summly成为了一个很好的新闻流量入口，因为它很短，可以迅速分享，如果你需要看更为详细的内容，可以直接跳转到相关的页面。

Flipboard：构建平台

新闻的集成让Flipboard成为了资本追捧的焦点。很多人在用这个APP，国内也有不少的追随者。它通过集成各大媒体的信息，自动排版，生成用户定制的页面。对于用户而言，这是互联网意义上的报摊。合作媒体与Flipboard通过贩卖页面广告来分成。

Facebook，微信，Linkedin：社交沉淀用户

如果我们用互联网加法和互联网减法来剖析传统媒体行业，我们可以看到：互联网减法扫除了一切信息的中介渠道，因而从新闻的发生端到消费端的距离被缩短了，人们不再需要记者解读、编辑审查，印刷纸张最终运送到当地的书报亭。而互联网加法让每个人参与到内容的创造，造就了最为热门的“当事人报道”，当新闻以群包的方式在迅速生成的时候，当视频和文字的生成成本迅速降低的时候，信息被以一种近乎免费的方式高速传播。

另外，信息在互联网传播的路径中获得了价值的增值。拥有1.2亿下载量的网易新闻客户端是在中国“微博热”和“微信热”的潮流中的一个奇迹。很多网友乐于使用这一APP阅读新闻，并非是因为网易拥有非常强大的采编团队和报道内容，而更重要的是，这个客户端将用户评论放在了非常醒目的位置。很多网友是冲着评论去看新闻，而不是为了看新闻，顺带看评论。当

评论成为了用户获得乐趣或者认同感的内容“众筹”基地的时候，这个新闻产品的黏性和扩散度都大大加强了。

对于传统媒体而言，这不是一个即将被互联网改变的行业，而是在过去10年中已经经历了互联网的冲击和洗刷。但是，更为显著的是，当最近两年移动互联网兴起时，传统媒体最后的消费场景被取代了，这才给予传统媒体人以当头棒喝的打击。这对于尚未完成专业化的中国传媒行业是一个极具挑战性的任务：如何融合移动载体，再造一个媒体帝国，将成为这个行业未来5年最具颠覆性的话题。让我们记住Tim Forbes提姆·福布斯的话：

> 新闻的采编方式已经发生了变化，并且将持续变化。高质量的新闻依然可期——以不同的方式。它将以不同的方式进行传播，以不同的方式消费。无论发生什么事情，没有什么能够阻止伟大的记者从事他们擅长的工作。

放到商业价值模型中，也就是说，内容不灭（创造价值：设计、制造内容），而报纸、杂志这种载体在消亡（传递价值：信息流、资金流、物流都被重构）。

餐饮：酒香也怕巷子深

社会化营销是所有面向消费者的行业都需要重视的大趋势。本章最后奉上社会化营销的典型案例。

为了让本书更加直接的接地气、更加深刻的洞察，我专程飞往北京，访谈了当今“互联网业最懂餐饮，餐饮业最懂互联网”的“雕爷牛腩”的主人——雕爷。

雕爷接受访谈的地方，是他的“梦想城堡”，雕爷牛腩的办公地，也是他旗下的阿芙精油的办公地（如雷贯耳），他旗下的皮娜鲍下午茶的办公地（最新推出），他旗下的薛蟠烤串的办公地（即将推出）。梦想城堡真的是一座城堡，位于798艺术区旁，一个3000多平方米，室内装修得像热带雨林一样的办公室。在这里下楼有四种方法：（1）普通楼梯；（2）旋转楼梯；（3）旋转滑梯；（4）消防钢管。用“奢华”形容这个办公室并不准确。我只能说，每天到这里上班，就是一场丛林探险。你一进门，就会油然而生一种创业热情。

雕爷不喜欢别人认识他，一再强调不要用照片。这是他低调的一面，但是他的言论却极其“高调”。说完了，想想有点儿过分，就补充说：这不能写。然后又说，那不能写。整个访谈结束，大概有80%的内容都不能写。我最深的感受是，雕爷是一个营销的天才。我进一步的感受是，我们的谈话本身，就是一次成功的营销。

下面，我们来谈谈那20%可以写的内容。

雕爷说，“雕爷牛腩”这个想法，是被“气”出来的。他特别喜欢吃牛腩，有一次去香港，跑去一个非常知名的小馆子“九记牛腩”吃牛腩，很好吃。他很礼貌地问店家，你们是不是考虑到内地开一家店？这个老板拿出计算器，敲了一个数字，10亿，说：你给我这个数字，我就去开。雕爷说到这一段的时候，情绪激昂：你要说1000万，说明你还有点诚意，你说10亿，明显是耍我。他回到酒店，立刻打电话：帮我注册“雕记牛腩”（后来发现已被注册，就改为“雕爷牛腩”）。紧接着，他找到了香港食神戴龙：我们怎么才能开一家超过“九记牛腩”的餐馆？戴龙说：哈哈哈，这也太简单了吧。于是两人就合作了，据说雕爷花了500万元，买下了戴龙的牛腩秘方。封测半年后，终于推出了“雕爷牛腩”，横扫江湖。

任何一个品牌，一定要有一个故事，甚至是一个传说。我上网查了一下，之前好像没有这段“九记牛腩”的起源。我的这段文字描述，可能是第一次公开。雕爷把这个故事讲给我听的时候，我像是《少年派的奇幻漂流》里的那个作家。你，相信这个故事吗？我决定相信。这是多么励志的故事，多么有传播性的故事。

梦想城堡门前，停了一辆非常奢华的房车。我没进去看。雕爷说，那是好莱坞明星们很喜欢用的一款车。他花了100万左右买了这辆车，然后把内饰的每一个地方都换上了雕爷牛腩的标志，然后，常常派这辆车去接送明星。据说明星们都很喜欢这辆房车，忍不住要拍照，然后上传到网上。这些照片中不可避免地会包含雕爷牛腩的标志。平常你开价10万，都未必能让一个明星帮你发广告。但是只要他们喜欢，一分钱不收，他们也会给你宣传。雕爷自豪地说，很快，这辆车就“收回了”成本。现在这车常常停在车位上，没有人开。

听到这里，我只能感叹，不管有没有互联网，只要雕爷愿意，他都能掀起三尺浪。互联网，只是放大了他那种天生的营销功底。他说他持有的最高学历，是小学文凭。这比乔布斯、比尔·盖茨、扎克伯格还要勇猛。他说，他不懂化妆品，所以能做成阿芙精油；他不懂餐饮，所以能做成雕爷牛腩。因为不懂（那些传统的规则），他才能完全站在用户的立场，用真正的用户思维，来超越用户的预期。

我觉得，他的营销精髓，是炉火纯青地掌握了“传播”二字。我记得我和人人猎头创始人王雨豪聊的时候，他说他宣传，绝对不投只能一次传播的广告，而只投能产生二次传播的引爆点事件。雕爷骨子里的那种张扬，脑海里的那种严谨，让他具有对二次传播引爆点的天生敏感度。

最后，他说，他很欣赏小米公司联合创始人黎万强说过的一句话：产品是1，营销是0。没有好的产品，营销毫无用处。刚好我在见雕爷的前一天，见了黎万强。黎万强在谈雷军、董明珠的那个10亿赌局时反复说，我们最重要的是产品好，而不是营销。因为好产品就是好营销，好服务就是好营销。产品上我们师承同仁堂，服务上我们师承海底捞。在这点上，所有最擅长互联网“营销”的公司，居然有着惊人的一致：你以为我是营销做得好，其实我真正的秘密是产品做得好。

我趁机问雕爷，网上有人说你的牛腩不好吃，我自己没吃过，但我的朋友圈里吃过的人没有一个说你的牛腩好吃。那一刻，雕爷几乎跳了起来：

你这是戴着有色眼镜看人！他掏出手机，开始翻，昨天微博监控的结果是，80%多的用户满意，前天是××%用户满意，大前天是……给我念完这些数据，他说，绝大多数顾客是非常喜欢我们的牛腩的。那些不喜欢的，如果花100多元钱，想吃到米其林三星的餐品，那是期望值的问题。

我没有吃过，所以不能评价。就算吃过了，如果评价不高，也会被归为期望值问题。但是无论如何，我在梦想城堡看到了非常讲究的试吃环境，以及他反复说的各种质量管理流程。我相信，他在质量上，确实还是下了不少工夫。

越是营销高手，心中越知道好产品的重要。因为没有好产品的营销，只是一次传播，有好的产品，才能二次爆破。

很多人言必提“互联网思维”。其实，在有互联网之前，就有所谓的互联网思维，那就是：为用户创造价值。这点从来没有变过，只是互联网改变了创造价值的方式。专注于用户，专注于产品，才能长远。雕爷和小米，都给了我们很好的启示。

和雕爷牛腩齐名的，还有一个“黄太吉煎饼”。

和只有小学文凭的雕爷不同，黄太吉的创始人赫畅的学历要高一些，持有初中文凭。高中没上，国内没毕业，国外没毕业，没机会读MBA，但他给MBA上课。他介绍自己“过去在国外学设计，2004年从丹麦回国之后加入了百度、去哪儿、Google这些公司，后来和英国的一家广告公司开了分公司，后来我们独立出来，变成了自己的数据公司。在我人生执业经历前8年都是互联网圈或者是广告圈的人。”这个海归做了一个小小的尝试，在国贸建外SOHO西区，开了一个只有13个座位，20平米的煎饼店。

一个互联网人卖煎饼？这个煎饼店很快火遍整个互联网，已经月收入100

万。赫畅非常自信地说：“未来6个月的时间内，我们将成为全世界第一个年销售超过1亿的煎饼果子品牌。”

一个煎饼果子，如何能卖到1个亿？赫畅解释说：这个销售额当然不能光靠店面，还要靠外卖。用互联网思维改变成本结构，只有更多的外卖才可以。比如今年3月份，我们收到了Kabam公司的2450块钱的外卖订单，当时很兴奋。后来他们又点了4650元的外卖。但为了争当外卖单冠军，百度点了5045元的外卖。更夸张的是，后来唯品会点了1.76万的一单外卖。一单煎饼的外卖可以卖出1.76万元，这就是我们很快可以成为第一个销售过亿的煎饼果子品牌的关键底气。现在点黄太吉外卖已经成了企业文化的宣传方式。

这其实，就是O2O的力量，用互联网消除物理距离、时间距离的趋势，利用社会化营销的手段，不花一分钱，让全中国网民知道了自己。餐饮业是非常讲究体验的行业，可以在互联网上买，但是不太可能在互联网上吃。“酒香不怕巷子深”讲的是产品要好，“酒香也怕巷子深”讲的是营销重要。在互联网上用正确的办法吼一声，让大家能到我的店里去吃，正在改变着这个古老的行业。

第六章

以效率提升为方向

为什么互联网在中国对传统企业摧枯拉朽，在美国没有？

2013年下半年，很多人和我争执：互联网对传统产业没什么影响。可是到了2014年上半年，刚过去的这几个月，变化实在是巨大，甚至有人开始担忧：互联网会不会摧毁整个国家经济？我觉得，过犹不及，看不起是不对的，恐慌更没有必要。互联网目前只是用“效率金箍棒”搅动了一下传统商海。

我们在前面的章节反复说，互联网的最大影响是消除距离，并因此消灭一切基于信息不对称的行业。当信息最终有一天（接近）完美对称的时候，一切低效率的商业模式，都会被取代。

也有人问，为什么互联网在中国对传统企业摧枯拉朽，在美国却没有？

这也是效率问题。假如美国传统企业的运营效率为7，那么互联网为8。而中国互联网的运营效率为9（人口基数大，边际成本低，发展水平很高，移动互联网甚至领先于美国），某些中国传统企业为2（市场化程度低，技术效率低）。8对7，9对2，不是一回事。互联网与传统企业，是效率之争。

不但是传统企业，传统品牌似乎也不能幸免。

最近，斯坦福大学教授伊塔马尔·西蒙森（Itamar Simonsen）和伊曼纽尔·罗森（Emanual Rosen）在其新书《绝对价值：信息时代真正影响客户的是什么？》（*Absolute Value: What Really Influences Customers in the Age of（Nearly）Perfect Information*）中指出，营销人员需要重新评估品牌对消费者购买决策的影响力。他们宣称："当消费者可以通过用户评价、专家意见或者社交媒体等更好的渠道获得产品质量信息时，品牌就不那么重要了。"

那么，传统企业在互联网大潮之下，是不是必死无疑呢？

有人坚持认为：是的。问：为什么？答：DNA不一样。那么DNA不一样在哪里呢？答案通常会是：管理层思维僵化，成功路径依赖，过去的优势变为包袱，年龄结构和知识结构老化，既得利益者太多，等等。

有一位传统企业上市公司的副总裁在微信上向我感叹：

> 你做咨询，见过很多企业及创始人，有没有发现基因很重要而且难以改变？转型其实是很难的，因为有些传统企业的领导者在互联网基因上严重缺乏！

这种"互联网基因"的缺乏，和年龄也有密不可分的关系。在微信已经横扫移动互联网的时候，另一家正在向互联网转型的上市公司的高管告诉我，他们有50%的管理层，没有用过微信。

我查了一下，发现科技公司员工的平均年龄排名，和这家公司的互联网程度高度相关。Facebook：28岁，谷歌：29岁，微软：34岁，三星：34岁，思科：35岁，诺基亚：36岁，戴尔：37岁，甲骨文：38岁，IBM：38岁，惠普：41岁。

年轻不意味着有经验，但意味着不怕失败，拼命奋斗。互联网的世界瞬息万变，马云说，竞争已经以小时为单位了。当传统企业的老板享受着抱孙子的天伦之乐时，互联网公司的年轻人正在办公室彻夜加班。

另外，转型，必然意味着要触动很多人的既得利益。李克强总理说：

> 改革中，触动利益比触及灵魂还难。

说得太好了。当整个公司赚钱容易的时候，一定会抗拒别人抢夺自己的饭碗，更不要说是自己砸掉自己的饭碗。当自己用了很多年的技能瞬间失去，甚至职位也随之失去的时候，每个人都会很自然地抗拒。转型比创业更艰难，连微软这样的科技巨星，转型都何其艰难，其他公司更是如此。

所以，有人建议传统企业的大佬：如果你认可互联网大潮不可逆转的形式，那么，尽早把自己的传统企业卖个好价钱，然后拿着钱，去投资年轻人吧。

这确实不失为一个好主意。但是，如果你真心不想“卖掉”自己奋斗数十年的企业，到底有没有办法转型呢？

提升技术效率

互联网作为一种新的沟通技术，它与传统的手段相比极大地提升了效率。

京东对苏宁的攻击其实是技术型的颠覆。

大家需要注意，我们今天能看到很多传统企业被颠覆、被打击，它们挨打的点是不一样的。苏宁之所以挨打，是因为互联网卖东西的方法就是比传统的方法来得更高效。互联网的沟通路径更短（互联网减法），所以京东就能卖得比苏宁便宜。

拉卡拉也是一个以互联网技术提高效率的典型。它在全国超过300个城市投资了超过10万台自助终端，遍布所有知名品牌便利店、商超、社区店，每月为超过1500万人提供信用卡还款、水电煤气缴费等公共缴费服务。拉卡拉董事长孙陶然表示，拉卡拉的发展分三个层次，1.0阶段是日常金融类服务，比如余额查询、信用卡还款、转账汇款等；2.0阶段指生活类服务，包括机票、演出票、彩票、租车等；3.0则是便利购物服务，拉卡拉将引入像京东、凡客、携程、艺龙这样的精品商户，让用户更为方便地购买一些产品。

拉卡拉利用互联网技术大幅提升了支付效率。腾讯推出的“佣金宝”则利用互联网技术打击了券商。

我原来是招商银行的VIP客户，客户经理告诉我，你是重要客户，我给你开个户，不要告诉别人，交易费是万分之六。我听到后就特别高兴。直到佣金宝推出来之后，腾讯说全中国人民的交易费都是万分之二，我才知道万分之六原来不是很低的。当然也有人是千分之三或千分之二，这个是完全不透明的。

为什么腾讯和国金证券合作能推出万分之二的交易费？因为它有巨大的客户量和极高的技术效率，能做到万分之二的交易费不亏钱。传统券商就是做不到，这是技术带来的效率。

佣金宝不但做到了万分之二的交易费，它还让你在没炒股的情况下存起来的钱能够享受投资货币基金的收益（5%、6%）。这就让券商更没办法跟它竞争了。

提升商业模式效率

小米公司是典型的用商业模式创新提升效率的例子。2014年4月8日，小米公司12个小时售出近130万台小米手机（活动开始后15分钟售出50万台），支付金额超过15亿。雷军表示，2014年小米手机销量有望突破6000万台，销售额约800亿。而在2013年，小米手机的销量还是1870万台，销售额为316亿元。短短一年时间，销量和销售额翻了一番多。那么2015年呢？雷军表示，小米的销量和销售额还将翻番。

这就是互联网时代新商业模式创造的效率奇迹。

随着4G时代的到来，线下传统企业往线上走，线上企业往线下传统行业走，线上线下融合成为大趋势。O2O，是值得大家关注的商业模式。

我们来看一下餐饮行业的O2O之路。

2014年2月，大众点评网一反常态地邀请了国内数十家媒体奔赴上海参加媒体会议。腾讯总裁刘炽平出现在媒体视线之中，宣布将收购大众点评20%的股份，并且将实现大众点评与微信的战略合作。当天，微信里就加入了大众点评的入口，有策略地为线下餐厅引流。

根据张涛在采访中的说法：大众点评将会侧重于与餐厅的pos结合，实现微信端查找餐厅、订餐、埋单的闭环操作。

截至2013年第四季度，大众点评月活跃用户数超过9000万，收录商户数量超过800万家。大众点评团购业务在一二线城市市场占有率第一，全国整体仅次于阿里巴巴系中的美团。

实际上，在“百团大战”的时候，餐饮行业已经经历了一次互联网的变革浪潮，只不过在这一次的变革浪潮中，餐饮行业将互联网看作渠道，当然这个渠道比原来的发小广告，来得更为直接和有效。

腾讯入股大众点评后的几天，一条消息在微信朋友圈和微博疯转：

> “马云疯了！继包下双色球彩票和巨额补贴快的打车以后，阿里巴巴无线部门（手机淘宝）3月8日将继续大出血，包下所有城市的正规模娱乐场所，请全国人民免费吃喝一天！据悉3月8号李敏镐也将会随机出现在上述城市的活动现场。”

我随后向阿里O2O的品牌负责人确认。他说：“哈哈，基本属实。过几天就知道了。”

随后，阿里打出了铺天盖地的广告：3月8日，在北京、上海、广州、深圳、杭州、南京、成都、武汉这8个城市，3.8元可以在万达影院看一场电影、在KTV当3个小时的“麦霸”，以“几乎免费”的价格去金钱豹、俏江南等餐厅吃大餐，还可以在银泰、大悦城等商场获得优惠。

至此，两大互联网巨头开启了餐饮行业的移动大战。

这一次变革浪潮中，互联网担任了一个“互联网减法”的功能，缩短了用户和餐厅之间的信息不对称的距离。餐厅让更多附近的人了解了优惠打折信息，而团购网站上每日更新的优惠活动，也刺激了更多人趋向于通过互联网折扣券的方式去消费餐饮。

但腾讯并购点评，与阿里巴巴手机淘宝节的做法，与两年前的“百团大战”有着鲜明的区别。

百团大战的主体还是互联网公司，很多团购网站采取补贴商家的方式来促销，获取新用户。

而大众点评通过微信实现闭环消费的方式，更多是一个创造价值的过程。一方面，减少了用户消费体验的多个环节，让消费变得“无感”；另一方面，大众点评创造了更多个性化的服务，比如微信点单，比如可以通过微信实现AA分账，比如通过点评订座，埋单可以减免20元。从信息鸿沟的填充到服务价值的实现，新商业模式形成了巨大的用户黏着力量。

再说小米电视。小米电视并不是真的想和长虹为敌，它只是想用电视收集更多的用户时间，然后卖别的东西给他们，所以把这个原来“前向收费”的电视机行业，变成了“后向收费”，导致“卖电视机赚钱”这种商业模式被严重打击。这种打击的效率，就是商业模式的效率。

提升组织效率

所谓组织效率就是市场化效率。中国建设市场经济体制是从1992年开始的，并没有真正走完市场化进程，所以十八届三中全会决定以市场化为经济体制改革的核心，以此进一步释放经济的活力，提升经济运行的效率。互联网在推动中国经济市场化方面将起到巨大作用。

互联网金融是市场化提升效率的典型案例。

大家来看一段描述：监管部门为行业里的每个子部门提供保护伞，抵御不受欢迎的竞争，子部门持续将增长率、利润率保持在可接受水平上，市场参与者很少有动机去侵犯它的地盘，破坏这种大家都心满意足的罗马帝国统治下的和平。

你们觉得这是在说谁?

这说的是20世纪60年代，美国金融业在放开监管之前的状态——跟我们今天的状态是何其的相似。金融放松行业监管之后就会带来竞争，有了竞争之后就会带来效率的提升。

几年前我去建设银行办事，拿了排队号码一看，前面有70多个人在等，我只有中午这段时间可以用来办事，但开着的服务窗口只有4个。在等待的时候，它又关了两个柜台——工作人员去吃饭了。有人就问，你们怎么可以这样，我们有70多个人在等。他说，我们不能不吃饭啊。

这个道理也对，人都要吃饭。但如果这个道理成立的话，中国就没有餐饮业了，饭馆服务员也要吃饭啊。银行一定有办法去协调这件事情。我就根据墙上的号码，打了建设银行的投诉电话。打了电话之后，我所在的这个银行营业部的人就给我来电话了，他说你到前面来，我把你的事给办掉。

我就想，我到前面的话，那后面的70多个人怎么办呢？这实际上没有任何改变。我说，我不需要排到前面，我就想知道，你们认为，让一个人排多长时间的队是合理的，让我心里有个数。

我没有到前面去，决定第二天重新排队办这件事。第二天我再去的时候，发现墙上的字（投诉电话）已经被刮得干干净净。我就在博客上写了一篇文章《投诉你就是投资你》，我对你的投诉其实是对你的一种投资，我是希望你变好。但显然建设银行根本就不需要我的投资。它不重视用户的反馈，它享受着国家规定的贷款和存款之间的利息差，不需要提升效率。

但这么多年形成的银行运行机制，在短期之内被余额宝这样的公司给颠覆了。余额宝使用了“互联网”这个史上最强大的核武器，把用户的钱汇聚起来，再把大部分的钱投向银行间货币市场，获取高收益。

余额宝利用互联网手段，达成了事实上的存款利率市场化，一下子让所有的银行都吃不消了。余额宝就是一个孩子的小拳头打在了大人的腰上。大人撕心裂肺地痛，是因为正好打在了他的肿瘤上。效率低下，就是很多传统企业的肿瘤。市场化，就是切除肿瘤的唯一良方。

虽然余额宝面临随之而来的监管压力，但从大势上来说，我认为市场化是不可逆转的趋势，既得利益者的阻挠只会放慢这个趋势，但是不会阻断。

以上的金融案例说明，互联网将加速中国的市场化进程，用市场化提升行业效率。

在本章最后，我想用一句话总结一下：**我认为互联网的一切优势，最终都是效率优势，所有传统企业都应从技术、组织、市场化等角度思考怎样提升自身的效率。**

第七章

设计转型路径图

传统企业三级跳

一级跳：苦练超级效率

传统企业要提升效率的三个方向，上一章已经论述。每个传统企业都可以尽快开始做的事情是使用互联网（电商、社会化传播等），以提高自己接触客户的技术效率。

除了明确方向，还要有心态上的转变。前些天在某互联网公司的会议室看到一块牌子："每一分钟，互联网行业都有一个公司崛起或灭亡。"说得很对。互联网是一个高度市场化的行业，用户抛弃你只是指尖一点，危机感逼着从业者拼命工作。互联网对传统行业的冲击，首先不是来自"高大上"的商业模式，而是来自这种充分竞争下被逼出来的效率优势。

传统企业不要幻想走捷径，必须要有“苦练”效率的觉悟，让自己在全新的效率等级上运作。转型，不是做好酸辣汤最后的那一把白胡椒面，有化腐朽为神奇的效果；转型，是炖老汤，唯一的诀窍就是：炖100年不断火。

二级跳：抢夺用户时间

前面说过，在移动互联网时代，企业抢夺的是用户的时间。前些天和朋友一起吃饭，朋友E告诉我她去唱K，用手机APP直接在手机上点歌；朋友R告诉我，他新买的单反相机，用手机APP同步取景和拍照。手机已经变成人体的一个器官，移动互联网就是这样进入我们的生活。开发APP正在成为抢夺用户时间的一个利器。

要抢占用户时间，传统企业普遍可以做的一件事是展开社会化营销。找到适合自己的产品或服务做平台传播的社区：论坛、微博或微信、QQ空间。

我在2014年年初参加过一个“牛微联盟大会”，所谓“牛微”就是微博粉丝超过100万，或者微信公众号订阅数超过20万的人。我的微博有大约150万的粉丝，成为100个与会者之一。这100个人的粉丝加在一起一共有6个亿。

这些人不是李开复这样的名人，是大家都没听说过的人，这些人在微博上努力运营，掌握了话语权。我只有150万粉丝，远比他们少，但也已经超过了中国最大报纸的日发行量。我如果在微博上说一句哪个公司的产品不好，很可能那个公司就会立刻打电话给我，说到底出了什么问题，我们聊一聊。

还有个例子，有个小兄弟在微信上说了一句话，“告诉大家一个好消息和一个坏消息，大家想先听哪一个。”这句话没有什么特殊的含义，但却引来了3335个评论。他的微信上有63万个想加他的人。

这就是新媒体时代。世界的话语权已经彻底地转交了。不在于企业大小，懂得掌握话语权的人才能拥有话语权。

"两会"期间，中国移动的负责人回应套餐用不完为什么不能移到下个月，他说你们买肯德基的全家桶套餐的时候，吃不完能把它退给肯德基吗？这个回应貌似有些道理，但在微博上被到处转发，骂声一片。

肯德基得知消息，也在官方微博上回应，说我们的套餐吃不完虽然不能退，但是你可以拿回家继续吃，也可以给别人吃，总之，剩下的食物属于你。这条微博又被疯狂地转发。

就在这140个字之间，带来的影响是极度正面的分享或极度负面的传播。

这就是互联网传播的威力。现在找公关公司的时代已经过去了，企业家们纷纷亲自出马做企业形象的代言人。因为企业自己就是媒体。自媒体的威力有多大？举个例子，前段时间有人找我，让我帮他写一篇文章。我从来不帮别人写软文，但对这个事情有兴趣了解，就问写一篇文章多少钱，他说一个字100块钱，这意味着1000字就是10万块钱。

所以，在今天，怎样抢夺话语权，掌握用户时间，玩法已经彻底变掉了。

三级跳：颠覆价值主张

当把用户的时间抢过来之后，就要创造新的价值，我把它叫作颠覆价值主张。

举两个例子。1985年张瑞敏不顾反对和请求，毅然砸掉76台不合格的冰箱，真正在工人心中树立了质量意识，才有了后来的海尔品牌走向全国、走向全球。还有一个例子是苹果1984年拍了一个广告，一个女孩子拿着大锤子砸向大屏幕，它代表着IBM这样老旧的公司，砸完之后，出来一句话，“1984年将不会再是1984年。”作家奥威尔曾写过一本著名小说《1984》，社会处于极权统治之下，每个人都被管控，没有自己的思想。这个广告的意思就是要打破这种统治，进行颠覆式的创新。如果说海尔把冰箱做好是延续性的创新，那苹果发明个人电脑就是一种颠覆式的创新。

那么，新的价值主张怎么来？途径之一是从大数据分析获得。

互联网界有个词叫“云端”。在“端”这边已经有很多的发展了，比如电脑、智能手机、可穿戴设备。另外一边是“云”，主要是计算能力和对数据的分析。

对数据的分析是未来的一个大趋势。在2014年“两会”期间，百度的李彦宏、小米的雷军在很多场合发言，希望政府开放很多数据，让可以对公众开放的数据有很大的储量。当这些数据被开放了，我相信很多分析性、咨询性的公司会有大量的机会，比如说，他们可以找到什么样的人跟买什么样的东西会有一定的关联。有不少科学家说，未来的数据每两年会翻一番，未来最有前途的职业是数理统计师，他们能发现数据之间的关联，能在数据上找到很多新的商业机会、商业价值。

历史上苹果公司、IBM都靠发现新的市场而获得了新生，利用好大数据，不少传统企业也能发现新蛋糕。

三个战略建议

第一个建议：逐步放弃基于信息不对称的既得利益

传统企业转型面临的最大问题，是组织的问题，即组织是否愿意放弃信息不对称带来的既得利益。反清复明式的变革不叫转型，利用互联网保护原有的商业模式一定会失败，互联网就是要让信息变得对称，不可能保护信息不对称。因此企业要未雨绸缪，逐步地放弃既得利益，在这个过程中形成新的赢利点。

我认为，媒体、商业地产、零售、银行、券商经纪、殡葬、医药、教育，这些传统行业必须尽快转型，否则会遭到互联网的信息透明化的严重冲击。

我们先来看看商业地产。虽然有了网店，但基于地理位置的消费依然会存在，你的生活半径一般是在三公里范围内，比如在附近吃饭、理发。互联网主要是对商业地产中的一种商业模式——商场产生明显冲击。商场的商业模式是抽成的，你在一家店里买东西，要去另外一个地方刷卡，这是因为商场要对商家抽成。还有一种商业地产叫 Shopping Mall，它是收固定租金的，我们在店里买东西是可以直接刷卡走人的。

商场会受到互联网的重大打击，因为提成制度使它的价格明显偏高（大商场一楼卖的东西售价基本上是成本的10倍以上，其他楼层是5倍以上）。Shopping Mall这种商业模式会比较长久地存在，不仅因为它不提成，还因为它配备了咖啡馆、餐厅、影院，体验型经济使得它比商场更能吸引人流，留住顾客。

胡泳的文章《高质量新闻的命运》为我们揭示了传统媒体被互联网冲击的原因和惨状。

美国报纸平均下来，管理成本占14%，纸张占16%，印刷占20%，发行占9%，广告开销占14%，最后留给内容生产的只有27%。纸张、印刷和发行成本使得报纸注定变得比较昂贵，让它在面对互联网媒体时，沦为了奢侈品。

2007~2012年，在美国众多产业中，报业的衰退最严重，萎缩了令人吃惊的28.4%。近年来，美国宣布停刊的报纸已超过200家。来看一个具体案例，《旧金山纪事报》2005年的发行量下跌了16.6%，降至40万份；2006年降至37万份；2007年，1/4的编辑部人员被裁撤。2008年，继续亏损5000万美元。

再看一个例子，当一个人有殡葬服务需要的时候，他是不会还价的，这里面有超高利润。天使投资人徐小平投资了一家公司叫彼岸，以互联网方式冲击传统的殡葬行业。2014年新华社报道了它的运作模式：

据新华社北京4月5日新媒体专电在网络搜索页面上敲入“彼岸殡葬”，一个蓝白色相间的清肃网页跃然眼前。寿衣、骨灰盒等殡葬用品价格一目了然，服务流程明确清晰。率先尝试O2O模式的殡葬品牌“彼岸”在中国殡葬市场可谓独树一帜。

“决定做‘彼岸’，最初是因为自己的切肤之痛。”“80后”小伙王丹是“彼岸”的创始人之一，母亲的离世使他开始接触并了解殡葬业。“一些殡葬制品价格昂贵，但质价严重不符。还有些服务人员在紧急关头以各种名义增加收费项目。”这些现象让王丹和朋友们深感愤怒与无奈，于是几个有着相似经历的年轻人一拍即合，决定创办“线下连锁＋线上电商”即O2O模式的“彼岸”。

“公开透明的价格展示是彼岸的特色之一。”工作人员白继伟向记者展示了彼岸的殡葬用品清单，其中男士西服的价格是1200元，男士中山装价格为980元。是否烫金，是否真丝面料，不同款式均明码标价，供逝者家属选择。“这样全套殡葬用品，家属的每一分钱花在什么地方都有据可查。”

与传统实体店相比，O2O模式销售的殡葬用品价格相对便宜。以黑檀木骨灰盒为例，“彼岸”的价格不足6000元，这个价格大概是实体店的1/4。

“从2013年3月开店以来，彼岸一共接待了400名顾客。”王丹告诉记者，彼岸最终希望通过“走量”实现赢利。目前，彼岸门店每天的顾客量约为1人，核算人力、房租等成本在内，仍然还在赔本状态，但对未来的前景，他们抱有期待。

趁着“彼岸”这样的互联网化公司还在起步期，基于信息不对称的传统行业得抓紧转型步伐了。

第二个建议：做个基本决定，做产品还是做平台

做平台和做产品需要完全不一样的能力。做平台的能力是把用户的数量提升到特别高的水平上，快速突破引爆点。可能一开始你很快有了几万个买家和卖家，但过段时间数量就涨不上去了。这可能是因为世界上有3%～5%的人是愿意尝鲜的，但这批人就这么多，所以过了一段时间人数就停止上涨了。所以如果你是老板，说这个月不错，有3万用户了，下个月做到6万，再下个月做到10万，再过一个月做到20万。这个要求是不靠谱的，互联网用户数量不是这个涨法。

从开始传播到引爆点，这个过程是极其痛苦的，但也是所有互联网公司的必经之路。这个过程一定是靠一些非网络的手段来完成，比如说免费。为什么淘宝和360杀毒软件要免费？就是自己花钱要把用户买进来，要从传播点达到引爆点。只有过了引爆点，买家和卖家才会相互促进，产生正效应，没到达这个引爆点，指挥产生负向促进效应。比如世纪佳缘刚开始时，男孩子上来一看，没有多少女孩子，他就走了；女孩子上来一看，没有多少男孩子，她也走了。大家一走，人就更少了，后面的人就更没有兴趣了。这就需要大资本来支撑平台型企业渡过艰难期。

所以，如果你要做平台，一定要懂得怎么突破引爆点，怎么用大资本来支撑你的运营。

做产品也有两种思路。一种是做标品，就像“佣金宝”，国金证券用接近免费的万分之二的交易佣金率和腾讯合作，消耗其6亿用户，说不定比其他

单独做的证券公司拿千分之一的佣金赚的钱还要多。**做标品，就要苦练超级效率，做出价格特别低廉的超级大产品，才有可能在互联网上做出标品，或叫爆品。**

或者走另外一条路，做高附加值产品，只有你才能做得出来，无可取代，每一个都特别贵。这种产品在互联网上也会卖得很好。但这种产品特别考验你的核心能力，你是不是更懂消费者，你的产品是不是真的和别人有差异，一切的市场化因素都被体现出来了。

做产品的这两条路也都不容易，需要付出巨大努力。

第三个建议：做颠覆推演，设计转型路径图

中国互联网有三巨头：百度、阿里巴巴、腾讯。这三家公司斗得很厉害。但现在阿里巴巴和腾讯打得很厉害，较少听到百度的声音了。

我们用电脑上网时基本上会先打开浏览器，然后用搜索引擎作为第一个入口，所以百度是当然的老大。可是到了移动互联网时代，我们基本上不太会用手机百度或手机浏览器了，所以行业座次就会重排了。

所有人在移动互联网时代，都站在同一个起跑线上。再厉害的行业大佬，都可能会因为移动互联网，重新排座次，所以传统企业需要做一次颠覆推演——针对移动互联网时代，试着推导如何颠覆自己的公司。

前面提到过，所有基本信息不对称的，有高利润的，没有受到国家保护的行业都将受到互联网的巨大冲击，最终被消灭掉。这些行业的企业尤其需要做好这件事。比如券商的颠覆推演结果可能是：经纪业务可能被颠覆掉，

但投资研究的业务是会长期存在的——需要面对面交流的、定制化的业务会变得越来越重要。

2014年3月，多次接触后，我和海尔的集团战略部以及高管团队，一起完成了对整个集团的“颠覆推演”，沙盘模拟了互联网企业可能进攻的主要路径。这是润米咨询的一个创新，“颠覆推演”的过程，非常好地激发了海尔对自己转型应对的积极思考。我们一起据此头脑风暴出来的“转型路线图”，是最适合他们的，因为，没有人比他们更懂自己。

通过这一次“颠覆推演”的演习，以及“转型路线图”的输出，我更加深刻地理解了传统企业向互联网转型，不是“一把手”一拍脑袋一跺脚就能立刻发生的。“颠覆推演”过程中有处处“牵一发而动全身”的关系，转型路线图绘制过程中遇到的各种问题，都是深刻的经历。

打车应用软件完全颠覆了中国一线城市的出租行业，我想以此为例展示一下怎么做“颠覆推演”。

在此前的20年里，中国的出租业被国营企业所把控，他们拥有国家发放的“牌照”，一方面可以从造车厂大量便宜地进车，另一方面又可以持续地从出租车司机手上获得月租费。出租车业在过去20年被称为“躺在金币上睡觉”的行业。另一个值得关注的现象是，中国的出租车价格在过去20年并没有显著上升，这主要是出于当局对于“出租车仍属于公共交通工具”的考虑。然而，众所周知的是，中国货币在过去20年剧烈地通货膨胀，上海白领的月薪数以倍计地增加，而出租司机也从一个月收入近万、人人眼红的职业，迅速坠落为一个出卖苦劳力的职业群体。

这个行业迅速变成了一个鸡肋行业，牌照和监管，成为了这个行业的护城河，围城里的君主在意的是如何维持这一特权的护城河，减少牌桌上的玩票人数。而城市的迅速扩张，让市场对于出租车的需求更为紧迫和急切，同时波动性巨大。在节日和高峰期，出租车的需求数量往往是平常的数倍。

移动互联网颠覆了这一现实中的价值链。

快的打车这类的APP将用户直接与司机连接在一起，这种需求信息原先难以传递，或者通过呼叫中心来传递。而呼叫中心为了防止司机们挑三拣四，影响品牌，往往向司机隐藏目的地信息。

这种对接更像是一个C2B，用户定制产品，从出发点到目的地，附加上小费，而司机来决定是否接受这一订单。

这种C2B模式另一个有趣的点在于附加了时间的元素。预约模式可以让司机优化管理自己的生产流程，而限时抢单的模式，让司机把所有的注意力都放到了“如何最快抢到最好的单子”上。此外，这种产品定制模式还负载了游戏感。限时竞争，加上APP本身的奖金信息，就像一种闯关游戏，让司机乐此不疲，互相竞争。

虽然我并不知道，做网页游戏出身的陈伟星是否确实是从做游戏产品的角度来解构这一出租APP的产品结构的，但确实，这款产品完全清除了“牌照”或者管理物业的价值链，进而释放了信息和现金流。

据统计，目前上海一天的打车量在90万次，数个打车软件几乎占领了其中近10%的市场。这一比例正在以每月上浮40%的速度增长。一旦这一比例超过40%～50%，那就意味着，不使用APP的用户将很难迅速获得出租车资源，不使用APP的出租司机也将大大增加获取用户的成本。这将改写整个行业的市场规则。

如果按照这个商业逻辑和思路延伸下去，快的打车这类APP应该很快将触角从牌照出租司机向可认证模式的黑车以及定制车辆转型。

毕竟如果有人愿意打出200元人民币的赏金，就为了在某个雨雪交加的黄昏赶到机场，那么必然有人愿意以数倍于市价的价格来定制更为舒适、奢华或者个性化的出租旅程。

如果有人愿意每天打车给小费，保证上下班出行，那么为什么不会愿意以月租的方式，在某个特定时段租个出租车？

进而，这个APP将会解构的，会不会是汽车生产商和私家车的市场？

转型有基本的方法论，但没办法一刀切，不存在三板斧搞定。传统企业可以跟一些互联网公司的人聊一聊，正式的非正式的都可以，做一次颠覆推演，看看自己的行业或公司可能会遇到什么样的挑战，然后根据这个推演做出转型的路径图。

在本书结束的时候，我想对所有传统企业说：**不要轻视，不要恐慌。不要高估互联网今天对你即刻的冲击，也不要低估互联网在未来5～10年对你的颠覆。最终互联网会变成水和电一样的基础资源，服务一切行业。当再也没有人把互联网当回事儿的时候，这个变革就完成了。看清这个过程，采取适当的行动，会决定你是转型的炮灰，还是弄潮儿。**

祝，所有传统企业，都能凤凰涅槃，重获新生！